El Proceso
Génesis

Un Libro de Trabajo Para la Prevención de Recaídas de Conductas Adictivas/Compulsivas

3a EDICION

Para más información se puede contactar:
www.genesisprocess.org

Michael Dye, CADC, NCAC II

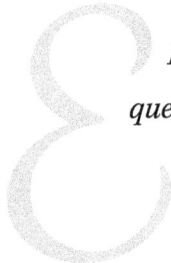

*Este trabajo está dedicado a todos aquellos
que padecen de conductas compulsivas/adictivas
y sus familias.*

El Proceso
Génesis

Contenido

Por favor tenga en cuenta que debajo de cada descripción del Proceso hay una lista correspondiente de las tareas relacionadas.

Los autores desean agradecer a las siguientes personas por su ayuda y
apoyo durante la creación del libro Proceso Génesis:

A nuestros esposos, Cathy Dye y Herb Fancher, gracias
por el amor y el apoyo por incontables horas de redacción y edición.

•

A nuestros mecanógrafos, Catherine Sandovol y Heather Neufeld,
por su excelente discernimiento de nuestros garabatos.

•

A Joe Gossett, por su ánimo
y por creer en nuestra capacidad para escribir este libro.

•

Al personal, consejeros y residentes de la Misión de Rescate de Santa Bárbara
por su ayuda en el desarrollo de hojas de trabajo útiles.

•

A María Dalby, Kay Strom y muchos más
que ayudaron a editar y corregir este trabajo.

•

Y, a Ellen Willford, por su edición y su talentoso trabajo en el diseño
del texto y portada.

Cómo usar este libro

El Proceso Génesis es un programa sistemático diseñado para capacitar consejeros profesionales y no profesionales en la prevención de recaídas mediante el tratamiento de la persona primero, y el trastorno segundo. El núcleo del material está presentado de forma comprensiva en un libro de trabajo de diez unidades y enfoca en identificar y resolver temas subyacentes que impulsan la conducta adictiva compulsiva. El Proceso Génesis es una integración de los conceptos bíblicos para el cambio personal, técnicas comprobadas para la prevención de recaídas, principios de terapia cognitiva, y los últimos estudios y datos de la neuroquímica relacionada con el comportamiento humano.

Tratar de controlar comportamientos exteriores sin cambiar los cimientos de pensamientos/creencias internos es un ejercicio agotador que suele llevar a la recaída. El Proceso Génesis reconoce que el comportamiento de una persona es la expresión de sus creencias, entonces además de centrarse en los comportamientos destructivos, el Proceso Génesis también se centra en el cambio personal. Sus prácticas se han demostrado ser efectivas para cualquier persona atrapada en patrones de comportamientos autodestructivos que realmente quiere cambiar.

Génesis no es un libro de autoayuda. Utiliza la perspectiva de un consejero capacitado de Génesis emparejada con el libro de trabajo Génesis para lidiar con los patrones subconscientes del paciente que lo han llevado a la recaída y así crear un plan personalizado de prevención de la recaída que realmente pueda prevenir la recaída.

Comprometes a completar todos los diez procesos asignados por tu consejero. En cada proceso leerás una enseñanza introductoria, y luego completar algunas hojas de trabajo. Para aprovechar al máximo de Génesis, tienes que estar dispuesto a ser honesto contigo mismo y otros.

Las personas que hacen este proceso honestamente han logrado resultados increíbles. No sólo han prevenido el dolor de futuras recaídas, sino que también obtienen más entendimiento sobre la manera de cómo han prevenido el dolor de recaídas futuras. Aprenden sobre las maneras de enfrentar situaciones que les permitirá resistir las conductas compulsivas que causan las recaídas. Los que siguen a su nuevo plan de prevención tienen una nueva vida.

El Proceso Génesis ofrece a cada cliente las herramientas para sanar y crecer espiritualmente, mentalmente, social y físicamente a través de:

1) **Auto-descubrimiento**

2) **Comprensión de las adicciones**

3) **memorización de Escrituras**

4) **Consejería individual**

5) **Pensamientos clave**

Primeros Pasos

¿Quién puede beneficiarse de usar este libro?

El problema en particular nombrado en este libro es la adicción a drogas y alcohol, pero hay muchos otros tipos de conductas compulsivas que dominan la vida de la gente y perturban o destruyen sus relaciones (tal como la codependencia, adicción al trabajo, trastornos alimenticios, abuso sexual, adicciones, compulsiones de compras y de apostar, abuso físico y emocional y trastornos de personalidad). Este libro ofrece esperanza a las vidas dañadas por pensamientos, sentimientos y acciones autodestructivos.

Este libro es un modelo de recuperación centrado en la Biblia tanto como biológico-psicológico-social.

≡ **PENSAMIENTO**
clave

> **El Proceso Génesis es para cualquier persona atrapada en las adicciones que realmente quiere cambiar.**

Este libro es para personas que quieren CAMBIAR. Se requiere ser capaz de tomar nuevas decisiones. Hay un antiguo dicho que dice: "Si siempre haces lo que siempre has hecho, siempre obtendrás lo que ya tienes."

Los adictos tienen una tendencia vivir solos. Se aíslan, lo que lleva a la soledad y la recaída. Este libro de trabajo demandará lo contrario del aislamiento: demandará que acudes a Dios y a los demás para ayuda. Será necesario que formes un grupo de apoyo, que asistas a reuniones de recuperación y que asistas a una iglesia.

Para una recuperación exitosa, tendrás que nombrar y cambiar tus creencias y patrones de pensamiento.

Ánimo, ten esperanza de que Dios entiende tu dolor. Dios ha creado una salida de tu dolor. La recaída no es la salida. Las relaciones y conductas disfuncionales se pueden cambiar.

¿Qué se necesita para completar El Proceso Génesis?

El proceso requiere VALER- un acrónimo de lo deberás hacer en este proceso. Reflexionemos sobre este diagrama:

V	**VALENTÍA**
A	**AYUDA PROFESIONAL**
L	**LA RENDICIÓN DE CUENTAS Y APOYO**
E	**ESTABILIDAD**
R	**RESISTENCIA**

VALENTIA

Necesitarás valentía para enfrentar los recuerdos o situaciones difíciles en su vida, y para confiar en Dios y en los demás. La desconfianza es un tema común con los adictos y los que han sido heridos. Necesitarás:

- La confianza en Dios, indicado en los tres primeros pasos de los Doce Pasos, como «un «poder superior a nosotros mismos " que puede devolvernos a la cordura. Buscar a Dios a través de participación en una iglesia, la comunión y la adoración con otros creyentes.
- La confianza en tu consejero para traer la sanación a sus heridas más profundas.
- Confiar en tu equipo de apoyo, tus mentores y amigos reuniéndote con ellos regularmente.

Se necesitará valentía para arriesgar confiar en los demás si has sido abandonado o maltratado por aquellos en quienes confiaba antes.

AYUDA PROFESIONAL

El Proceso Génesis no es un libro de autoayuda. Necesitarás la ayuda de un especialista Génesis, formado en la prevención de recaídas.

LA RENDICIÓN DE CUENTAS Y APOYO

Creemos en una recuperación equilibrada que incluye reuniones de grupos Doce Pasos para la rendición de cuentas y el apoyo a su recuperación, tanto como la asistencia regular a una iglesia para el crecimiento espiritual y resocialización. La mayoría de las adicciones prosperan en secreto y el aislamiento. La prevención de recaídas requiere la rendición de cuentas regularmente e iniciada por ti mismo. La rendición de cuentas iniciada por ti mismo significa que cumples con las reuniones y tus compromisos:

- Buscar a un mentor para trabajar contigo haciendo los 12 Pasos a través de un grupo activo de recuperación. Por ejemplo Alcohólicos Anónimos o Narcóticos Anónimos.
- Encontrar una iglesia para asistir.
- Buscar un amigo para procesar tu trabajo de Génesis después de cada sesión con tu consejero.

ESTABILIDAD

Planificación para la prevención de recaídas antes de hacer el proceso Génesis no funcionará a menos que ya tengas sobriedad.

Te recomendamos estar desintoxicado y estable con apoyo antes de hacer Génesis. Puedes trabajar con un programa para la sobriedad, un centro de desintoxicación, o un consejero directamente para llegar a la sobriedad para pensar con claridad, controlar tus emociones y controlar la conducta inapropiada.

El Proceso Génesis es un libro de trabajo dirigido por un consejero que te guiará a descubrir tus patrones de auto sabotaje que llevan a la recaída. Tu consejero y tú crearais un plan personalizado para la prevención de recaídas. Asegúrate de establecer una rutina de citas una vez a la semana, y de mantenerlas.

RESISTENCIA

La resistencia es el poder de perseverar frente a los obstáculos. Ya has sufrido una vida dolorosa de adicciones, heridas de la infancia, y relaciones difíciles. Ahora debes seguir aprendiendo sobre tus patrones de recaída y sus patrones subconscientes de auto sabotaje.

Sin importar lo que sientas ahora, haz el compromiso de 15 a 20 semanas para completar el Proceso Génesis con tu consejero. La resistencia es fomentada por la esperanza - una fuerte creencia de que la recuperación es posible. Perseverando en el proceso te ayudará a reconocer que la recuperación es un proceso, no un evento. Este libro contiene una gran variedad de ejercicios para ayudarte reconocer que hay una serie de cambios neuroquímicos subconscientes que conducen a la recaída. Cada semana, debes completar las tareas asignadas por tu consejero. Tu consejero te pedirá que encuentres un **Socio de Génesis** (alguien que ha completado el proceso). Este socio Génesis o un grupo de apoyo puede ayudarte a entender las tareas y repasar la sesión de conserjería para procesar lo que has aprendido. Si no conoces a nadie que ha completado el proceso, puedes utilizar un amigo cercano o un miembro de tu familia.

Muchas personas necesitan verbalizar (hablar sobre) su auto-descubrimiento para procesar lo que están aprendiendo. Verbalmente hablarle a alguien sobre lo que has aprendido y cómo deseas cambiar un patrón te ayudará a confirmar tu decisión de cambio.

No esperes que tu consejero haga el libro por ti. Es tu vida la que está en peligro. Sacarás de este proceso exactamente lo que inviertes en él. Si no estás dispuesto a realmente comprometerte a tu recuperación, puede que estas planeando subconscientemente recaer.

≡ **PENSAMIENTO**
clave

No puedes hacer La Recuperación solo.

A medida que repasas cada proceso, marque o subraye las cosas que te llaman la atención, o lo que no entiendes o con lo que tengas algún problema, para discutir con su consejero o grupo.

Compromiso

Notas

El Proceso Introductorio

Todo aquel que escucha mis palabras y obra en consecuencia, puede copmpararse a una persona sensata que construyó su [recuperacion] sobre un cimiento de roca viva. Vinieron las lluvias, se desbordaron los ríos y las [pruebas de la vida] azotaron aquella [recuperacîon], pero no cayó, porque estaba construida sobre un cimiento de roca viva [Jesús]. En cambio todo aquel que escucha Mis palabras, pero no obra en consecuencia, puede compararse a una persona necia que construyó su [recuperación] sobre un terreno arenoso. Vinieron las lluvias y las [pruebas de la vida] soplaron violentamente contra la [recuperación] que se hundió, terminando en ruina total.

—Mateo 7:24-27 (BLP, Parafraseada)

Como profesionales en el ámbito de la recuperación de adicciones, nosotros (Mike Dye y Pat Fancher) tenemos unos 25 años de experiencia cada uno trabajando con personas atrapadas en comportamientos adictivos/compulsivos. En nuestros 50 años de experiencia combinada, hemos visto a muchas personas que han superado con éxito sus comportamientos adictivos y han pasado a una vida próspera. También hemos visto a otros que se han esforzado mucho, pero que siguen recayendo.

Este libro de trabajo es una integración de preceptos bíblicos, las últimas investigaciones sobre el cerebro y técnicas comprobadas de consejería para la prevención de recaídas.

¿ES ESTE LIBRO ADECUADO PARA TÍ?

Tratar de controlar un comportamiento adictivo sin cambiar los sistemas de creencias defectuosos que lo sostiene es un ejercicio inútil. Cada comportamiento, bueno o malo, está respaldado por tus creencias. La Biblia nos dice que para cambiar lo que haces, debes cambiar quién eres. En otras palabras, el cambio viene de dentro hacia fuera. Lee Juan 3:1-21, donde Jesús enseña que debes nacer de nuevo.

≡ **PENSAMIENTO**
clave

> Para cambiar lo que haces, debes cambiar quien eres. Cada comportamiento, bueno o malo, está respaldado por tus creencias.

Si estás dispuesto a cambiar, Génesis te habilitará para cambiar. Todos tenemos adicciones. Hacemos cosas que sabemos que son autodestructivas, pero seguimos haciéndolas a pesar de las consecuencias. La recuperación significa cambiar tu vida al tratar con tus creencias, identidad, comportamiento y relaciones con Dios y con los demás. La palabra Génesis significa un nuevo comienzo. Tu voluntad de ser transparente y honesto realmente reflejará tu motivación para cambiar.

COMPRENDIENDO LOS CONCEPTOS BÁSICOS

El problema de las adicciones es único en el sentido de que destruye a la persona en su totalidad. Te destruye 1) físicamente, 2) mentalmente, 3) emocionalmente, 4) espiritualmente y 5) socialmente. Un plan de recuperación equilibrado debe incluir una estrategia para cada una de estas áreas, a pesar de que la adicción Se encuentre en el área de las drogas, el alcohol, la comida, el trabajo, el sexo o incluso la televisión. Todos estos comportamientos compulsivos/destructivos tienen algo en común: te ayudan a evitar pensamientos y sentimientos no deseados. Al tratar de dejar atrás tu dolor, creas estrés. El estrés produce ansiedad, ira y negación que pueden causar cambios en tus patrones de alimentación y sueño, y en tus relaciones con los demás, incluido Dios. Vamos a mirar a cada una de las cinco áreas:

¿Cuál es el Problema/Adicción en que quieres trabajar en el Proceso Génesis?

_____

Físico

Muchos médicos ahora sienten que más del 80% de todas las enfermedades se pueden atribuir al estrés Cuando estás estresado físicamente, impide que tu cuerpo funcione de manera saludable al reducir tu sistema inmunológico y hacerte susceptible a las enfermedades. Las adicciones pueden destruirte físicamente, causando enfermedades como el SIDA, la hepatitis y cáncer del hígado, los pulmones, el páncreas o el estómago. Las adicciones eventualmente pueden llevar a la muerte. Parte de una recuperación equilibrada es reconstruir el cuerpo físico.

Da dos ejemplos de cómo tu adicción te afecta físicamente:

a._____

b._____

Mental

Las adicciones dañan tu mente. Una manera es a través de procesos mentales subconscientes, como la negación y la postergación, que te permiten mentirte a tí mismo y a los demás. La negación simplemente es no tomar las medidas adecuadas. En otras palabras, si ves que comportamientos adictivos están afectando tu vida y no detienes el comportamiento, entonces tienes que inventar un sistema de pensar para justificar tus acciones destructivas. Al hacer esto, en realidad formas nuevas vías neuronales que cambian la forma en que tu cerebro procesa la realidad. La negación es mentirse a uno mismo.

Da dos ejemplos de cómo tu adicción te afecta mentalmente:

a._____

b._____

Emocional

Las adicciones te dañan emocionalmente. Todos tenemos emociones dadas por Dios, inclusive las dolorosas que nos advierten cuando algo está mal. Si adormeces esas emociones (que es lo que hacen la mayoría de los comportamientos compulsivos), no responderás de manera saludable. Para evitar problemas o viejas heridas, los adictos se protegerán de los sentimientos aumentando sus comportamientos adictivos. Por ejemplo: al no lidiar con tu temor al rechazo, estarás tentado a usar alcohol para adormecer ese temor cuando te encuentres en situaciones sociales.

Da dos ejemplos de cómo tu adicción te afecta emocionalmente:

a._____

b._____

Espiritual

Los comportamientos adictivos te dañan espiritualmente. La forma principal en que Dios te habla es a través de tu conciencia. Cuando usas drogas, alcohol u otros comportamientos adictivos, adormeces tu conciencia para que no te diga que lo que estás haciendo está mal. El pecado continuo de cualquier tipo adormece tu conciencia, apagando la voz de Dios dentro de ti. Cuando entras en recuperación y abandonas tus adicciones, tu conciencia no vuelve automáticamente a la vida. Sin conciencia (un impulso interno de autocorrección), tiendes a mirar al mundo en lugar de a Dios para guiar tu vida.

Da dos ejemplos de cómo tu adicción te afecta espiritualmente:

a._____

b._____

≡ PENSAMIENTO *clave*

> Las adicciones crean secretos que te aíslan de Dios y de los demás.

Enumere dos secretos actuales y cómo te aíslan.

a._____

b._____

Social

Es el dolor de las relaciones hirientes lo que impulsa los comportamientos adictivos. Existen dos tipos de relaciones que causan dolor:

1) **Relaciones destructivas**
2) **Falta de relaciones**

Uno de los factores comunes que hemos descubierto en la mayoría de nuestros clientes es que en realidad nunca han tenido relaciones saludables. La capacidad de tener relaciones sanas, cercanas e íntimas es la clave para superar la necesidad de todas las adicciones. Mientras trabajamos en el campo de la adicción, hemos visto que la recaída está vinculada a las relaciones. Habiendo visto a tantas personas recaer, nos hicimos cada vez más conscientes de que las relaciones saludables son imprescindibles para el proceso de la recuperación.

El fundamento de una nueva vida exitosa es una relación personal con Dios. Eres único. Nadie aborda la vida y las relaciones de la forma en que lo haces tú. En el libro de Génesis en la Biblia, Dios nos dice por qué eres único: eres creado a Su propia imagen y, por lo tanto, tienes la capacidad de tener libre albedrío para tomar decisiones morales. Los humanos son los únicos seres que parecen tener esa habilidad. Dios te creó únicamente para una cosa. No es para tener éxito, ni para conquistar el mundo, ni para ir a la luna y volver. Ni siquiera fue para acumular riqueza y poder. No, Dios te creó para la intimidad, tanto con Él como con los demás.

El libro de Génesis revela que Satanás es tu adversario porque quiere quitarle el control y el poder a Dios y volverse como Dios. ¿No sería la forma más lógica de lastimar a Dios destruir lo que está más cerca del corazón de Dios, las creaciones que Él hizo a Su propia imagen? Satanás trata de destruir tu capacidad de tener intimidad, primero con Dios y, en segundo lugar, con los demás. Las adicciones se llevan al aislamiento.

Da dos ejemplos de cómo tu adicción te afecta socialmente:

a._____

b._____

"Oh Dios, Tú eres mi Dios; yo te busco intensamente. Mi alma tiene sed de Ti; todo mi ser te anhela, cual tierra seca, extenuada y sedienta."
—*Salmo 63.1*

≡ **PENSAMIENTO** *clave*

Falta de intimidad > dolor > anestésicos > adicción

LA LEY DEL DOLOR

Si tuviera un accidente y me lastimara la espalda, podrían pasar varios meses antes de que pudiera someterme a una cirugía para corregir la condición. Mientras tanto, mi espalda se volvería cada vez más dolorosa. Comenzaría tomando aspirinas normales y luego aspirinas más fuertes. Después iría al médico y me recetaría medicamentos como valium, codeína o percodan. Finalmente, el dolor podría empeorar tanto que tendría que tomar morfina. Y finalmente, después de estar tomando morfina durante varias semanas, podría ir al hospital para mi operación. La cirugía solucionaría el problema y ya no experimentaría dolor. Después de cumplir mí rehabilitación, aunque el dolor se habría disminuido, todavía desearía la morfina. Sería mucho más difícil tratar de dejar la morfina sin aún estaba experimentando el dolor. Mis impulsos y mis pensamientos ansiarían el anestésico.

El dolor emocional funciona de la misma manera. Tienes dolor en tu vida, por las cosas que te has hecho a tí mismo, las cosas que les has hecho a otros y las cosas que otros te han hecho a ti. Gran parte de ese dolor se ha vuelto subconsciente, lo que resulta en comportamientos de afrontamiento autodestructivos. Intentar evitar el dolor subconsciente es lo que impulsa una adicción. Todas las adicciones son anestésicos que hacen principalmente lo mismo: expulsan temporalmente de su conciencia los **pensamientos, sentimientos y recuerdos** no deseados.

Da dos ejemplos de lo que tu adicción podría estar anestesiando (adormeciendo) en cada área:

Pensamientos _____

Sentimientos _____

Recuerdos _____

DOBLE DILEMA (LEA LAS PÁGINAS 160-161 SOBRE DOBLE DILEMA)

Las personas con adicciones tienden a evitar situaciones incómodas, lo que resulta en un doble dilema. Un "doble dilema" es una situación en la que te condenan si lo haces y si no lo haces. Por ejemplo, podrías decir: "Quiero dejar las drogas y el alcohol porque están destruyendo mi vida, pero no creo que podría lidiar con la vida sin drogas". Los dobles dilemas crean miedo, ansiedad e ira. Son tan incómodos que usas comportamientos compulsivos/adictivos para ayudarte a evitarlos.

En el Proceso de Génesis, te ayudaremos a reconocer cuales son tus dobles dilemas para que puedas confiar en que Dios te ayudará a resolverlos en lugar de evitarlos. Las personas sanas se mueven hacia sus problemas no resueltos, mientras que las personas insalubres huyen de los problemas. La postergación resulta en crisis. Con la ayuda de Dios y de otros, podrás reconocer y resolver los "dobles dilemas"; una habilidad imprescindible para la recuperación duradera. Realmente no puedes ver o resolver los dobles dilemas por tu cuenta en aislamiento.

Ejercicio: Toma el Problema/Adicción en el que decidiste trabajar de la página 2 y haz los Ejercicios de Doble Dilema en la Página 10. Su consejero le ayudará en su próxima sesión. Hay hojas de trabajo de Doble Dilema adicionales en el Apéndice.

INMADUREZ SOCIAL

Otro desafío al que se enfrentan los adictos es el retraso en la maduración o "inmadurez social". La edad a la que empezaste a consumir es la edad en la que has dejado de desarrollar emocionalmente y socialmente. Por ejemplo: un adicto de treinta y cinco años que empezó a consumir a los trece fue incapaz de desarrollar la madurez social y aún puede actuar y sentirse como un niño de trece años en situaciones sociales. Las personas en recuperación deben aprender a comportarse como adultos en vez de adolescentes. Deben aprender a tolerar que los sentimientos de la adolescencia que van a sentir sin responder según esos impulsos. Como seres humanos, maduramos a través de superar problemas, manteniendo compromisos y valorando nuestro propio sentido de integridad. La madurez significa que buscamos ayuda y resolvemos nuestros problemas. Cuando los adictos tienen estos tipos de problemas Suelen responder con culpar, aislar, huir o actuar.

¿Qué edad crees que tienes socialmente y emocionalmente?

_____

EL PROBLEMA DEL CONTROL

El primer paso de la recuperación tiene que ver con la transferencia del control. La verdad es que al tratar de controlar tu propio comportamiento adictivo, tienes un historial de errores, a pesar de tu fuerza de voluntad, autodisciplina, inteligencia y buenas intenciones. Tu vida revela que tu control te ha llevado a un lugar donde no quieres estar y que necesitas darle el control a Dios. Lo que separa a un alcohólico de un bebedor social es la pérdida de control. Nadie quiere tener un comportamiento adictivo que destruya su vida, valores e integridad. La "voluntad" de una persona quiere mantener el control, pero la fuerza de voluntad no funciona con las adicciones. Los tres primeros pasos de los 12 Pasos tradicionales tienen que ver con ceder el control.

1) **Admitimos que éramos impotentes ante nuestras adicciones/que nuestras vidas se habían vuelto ingobernables.**
2) **Llegamos a creer que un Poder superior a nosotros mismos podría devolvernos la cordura.**
3) **Tomamos la decisión de entregar nuestra voluntad y nuestra vida al cuidado de Dios tal como lo entendíamos.**

Junto con la fuerza de voluntad, las buenas intenciones te hacen sentir poderoso. Hay un viejo dicho: "El camino al infierno está empedrado de buenas intenciones". Pero obviamente, para un adicto, las buenas Intenciones han fallado una y otra vez, lo que lleva a la conclusión de que necesita la ayuda de Dios y de los demás. ¿Eres capaz de hacer los tres primeros pasos de Alcohólicos Anónimos?

¿Cuál es tu doble dilema (DD) con el problema del control? Use la hoja de trabajo de DD en la página 10. Es decir, si suelto el control (confiar en Dios y los demás) versus si mantengo el control (tratar de controlar mi propia vida).

_____

EL SECRETO DE LA RECUPERACIÓN

Un adicto no puede ganar la recuperación. La verdad es que la recuperación es un regalo de Dios. Algunos adictos parecen poder recuperarse por un tiempo, luego toman el control otra vetz y piensan que pueden hacerlo por sí mismos. Como don de Dios, la recuperación es un milagro de sanación física, mental, emocional y espiritual que debe recibirse con una actitud de gratitud por la gracia de Dios. Gracia significa favor inmerecido. Todos los días puedes medir si estás en recuperación o no por tu agradecimiento.

≡ PENSAMIENTO
clave

> **El secreto de la Recuperacion es la gratitud.**

Cuando olvidas tu gratitud por pensar que mereces más o mejor, te vuelves resentido. Debido a tu resentimiento, tratas de controlar y manipular la vida para que salga como crees que debería, lo que a cambio provoca ansiedad y estrés. La ansiedad y el estrés provocan agotamiento. Cuando te cansas, reaccionas de forma exagerada y creas una crisis. Te vuelves incapaz de lidiar con la situación y recaes.

El primer desafío del Proceso Génesis será ceder el control. Si no has aprendido a confiar en Dios, o no conoces a Dios, o estás enojado con Dios, no podrás darle el control. Construir una relación con Dios es fundamental para tu recuperación. Pídele a Dios que te ayude a creer y confiar en Él.

Este libro de trabajo podría ser la cosa más difícil que hayas tenido que hacer. Va a demandar más fe, valor, apoyo, sinceridad y confianza de lo que jamás imaginaste. No puedes hacer esto con tus propias fuerzas. Necesitarás creer y tener fe en el Padre Celestial que te ama, tiene un plan para tu vida y que te ha dado dones y talentos únicos. Las adicciones te han robado de esos talentos. Dios quiere restaurarlos y devolverte tu vida.

Dios comenzará una buena obra en ti y será fiel en completarla. Recibirás de este proceso lo que inviertes en él. Las personas que han trabajado honestamente a través del Proceso Génesis han cambiado.

≡ PENSAMIENTO
clave

> **El resultado final de la recuperación es "aprender a confiar de nuevo."**

"... Yo he venido para que tengan vida y para que la tengan en abundancia."
—*Juan 10:10b (NVI)*

"Estoy convencido de esto: el que comenzó tan buena obra en vosotros la irá perfeccionando hasta el día de Cristo Jesús."
—*Filipenses 1:6 (NVI)*

TAREA PARA APLICAR A LA VIDA

Instrucciones: Nombra cinco metas que quieras lograr a través del Proceso Génesis.

1. _____

_____

_____

2. _____

_____

_____

3. _____

_____

_____

4. _____

_____

_____

5. _____

_____

_____

MEMORIZAR PARA LA PRÓXIMA SESIÓN

Instrucciones: Cada semana, memoriza el versículo al final del Proceso. Dígatselo a tu consejero al comienzo de tu próxima sesión.

Confía de todo corazón en el Señor y no en tu propia inteligencia. Ten presente al Señor en todo lo que hagas y Él te llevará por el Camino recto.
—Proverbios 3: 5-6 (DHHED)

EJERCICIO PERRO ROJO / PERRO AZUL

*Gálatas 6:7-9 (NVI)
No os engañéis: de Dios
nadie se burla. Cada
uno cosecha lo que
siembra. El que siembra
para agradar a su
naturaleza pecaminosa
(perro rojo), de esa
misma naturaleza
cosechará destrucción;
el que siembra para
agradar al Espíritu
(perro azul) del Espíritu
cosechará vida eterna.
No nos cansemos de
hacer el bien, porque
a su debido tiempo
cosecharemos si no nos
damos por vencidos.*

Instrucciones: En este ejercicio entrevistarás a tus dos "perros," haciéndoles preguntas sobre diferentes aspectos de sus personalidades. Escribe tu nombre en los espacios correspondientes. Puedes usar esto como una guía para determinar cuales de tus pensamientos, sentimientos, comportamientos y relaciones están avanzando hacia la recuperación o la recaída

Perro Rojo = Tu antigua personalidad adictiva.
Perro Azul = Tu verdadera identidad original creada por Dios.

La forma en que juegas es que el perro al que alimentas y le das energía se vuelve más fuerte y gana. Ambos perros tienen una personalidad con actividades que les gustan y planes/metas para tu futuro.

ENTREVISTA

Instrucciones: hazles a tus perros (tus 2 seres) las siguientes preguntas.

Perro ROJO: tu personalidad destructiva

1. ¿Qué tipo de perro eres? (Pitbull, Rottweiler, etc.) _____

2. ¿Qué edad tenía (*tu nombre*) cuando empezó a tomar el control? _____

3. ¿Cuáles son algunas de las cosas que te gustan que haga (*tu nombre*) _____
que te hacen más fuerte?_____
_____
_____

4. ¿Dónde es tu lugar favorito para ir? _____

5. ¿Cuál es tu plan para la vida de (*tu nombre*)? _____
_____
_____

6. ¿Cuál es tu forma favorita de recuperar el control de la vida de (*tu nombre*)? _____
_____
_____

Perro AZUL: tu ser verdadero y original

1. ¿Qué tipo de perro eres? (Caniche, etc.) _____

2. ¿Qué querías que (*tu nombre*) _____ fuera cuando él/ella creciera?
_____

3. ¿Cuáles son algunas de las cosas que te gustan que haga (*tu nombre*) _____
_____ que te hacen más fuerte? _____
_____

4. ¿Cuál es su plan para la vida de (tu nombre)? _____

FICHA DOBLE DILEMA

INSTRUCCIONES: *Escribe los problemas que tienen que ver con adicciones, miedo, ansiedad, confusión, postergación, negación o control y examina las* **consecuencias** *y el riesgo de ambas opciones. Ejemplos: Si confío en la gente; Si renuncio a las drogas y al alcohol; Si me enfrento a este problema/persona; Revelar mi secreto, etc. Luego aplica la fórmula:* **Si hago lo que es correcto, Dios me bendecirá, y lo correcto de hacer es lo más difícil de hacer.** *A continuación, haz un* **plan concreto** *con rendición de cuentas/apoyo para llevarlo a cabo.*

Problema / Situación	OPCIONES		APLICAR LA FÓRMULA	PLAN
	Si lo hago (Si cambio) (Enfrentar el problema)	Si no lo hago (NO Cambio)	Lo Correcto de Hacer	Qué, Cuándo, Quién, Dónde, Cómo

PROCESO UNO:
EVALUACIÓN

Meta del proceso: Tu consejero y tú evaluaréis tu estabilidad física, mental, emocional, espiritual y relacional al determinar cuánto apoyo tienes.

EVALUACIÓN

COMPROMISO DE CONSEJERÍA

FORMULARIOS DE AUTORIZACIÓN

EL CLIENTE A UN VISTAZO

EVALUACIÓN
Completaras un historial personal médico, de drogas y alcohol, trabajo, escuela, y antecedentes familiares.

COMPROMISO DE ASESORAMIENTO
Un contrato de asesoramiento y consejería firmado por ti y el consejero.

PERMISO PARA LA DIVULGACIÓN DE INFORMACIÓN
Formularios que permiten al consejero consultar con agencias, médicos, mentores o pastores.

FICHA DE EL CLIENTE A UN VISTAZO
Gráfico de progreso semanal utilizado por el consejero para rastrear tu programa de recuperación.

EVALUANDO TU CAPACIDAD PARA HACER ESTE LIBRO

Pronto descubrirás que este libro de trabajo es muy diferente de la mayoría de los procesos de recuperación de drogas y alcohol. Profundizamos en tus creencias, sentido de identidad y las experiencias dolorosas que creemos son los desencadenantes de tus conductas abusivas y destructivas. **Para poder hacer este libro de trabajo, primero debes tener estabilidad.** Te pediremos, junto con su consejero, que evalúes qué tan estable eres y la calidad y cantidad de tus sistemas de recuperación y apoyo actuales.

El cambio puede ser un proceso temeroso. Una de las razones principales por las que las personas son incapaces de cambiar es que no están dispuestos a ir solos a lugares aterradores. David escribe sobre la muerte en el Salmo 23. Esta no es la muerte real, pero es la "sombra" de la muerte. Se siente tan aterrador como la muerte física o emocional, y David se da cuenta de que la única forma en que está dispuesto a ir allí es porque sabe que el Señor está con él. Para hacer este libro de trabajo, debes:

Aunque camine por valles sombríos no temeré mal alguno, porque Tú estás conmigo".
—Salmo 23:4 (BLP)

1) Confiar en que Dios no te pondrá a prueba más allá de tus fuerzas y que si demuestras valentía para trabajar en comportamientos y creencias que siempre han sido demasiado aterradores, Él estará contigo.

2) Comprender que Dios obra a través de las personas. Conseguirás valentía para hacer este trabajo cuando te rodeas de personas que te apoyen y que estarán allí para ayudarte cuando las cosas se pongan difíciles. Sin ellos, continuarás a quedarte atascado, resistente, enojado y vulnerable a una recaída.

Es importante que estés dispuesto a ceder un cierto nivel de control a la sabiduría de tu consejero para determinar qué tan estable eres y si puedes hacer el libro de trabajo en este momento. Trabajéis juntos como equipo para con una base espiritual que os haga sentir a los dos que podéis hacer este trabajo más profundo. construir una vida de recuperación

¿PUEDES HACER LA RECUPERACIÓN SOLO?

Tómate unos minutos y discuta esta pregunta con tu consejero antes de empezar la evaluación en las siguientes páginas. Escriba tus pensamientos.

_____

_____

_____

_____

_____

_____

EVALUACIÓN GÉNESIS

INSTRUCCIONES: Responda cada una de las siguientes preguntas con la mayor veracidad posible. No te saltes preguntas ni deje ninguna en blanco. Si estás trabajando en algo que no sea drogas o alcohol, simplemente intercambie términos a lo largo de esta evaluación. Por ejemplo: describa su problema de alimentación en el pasado.

HISTORIAL DE ALCOHOL

Describa tu patrón de consumo de alcohol en el pasado: _____

_____

_____

_____

_____

_____

¿Cuál es tu patrón típico de consumo? ☐ Diario ☐ Ocasionalmente ☐ Atracones

¿Cuál fue tu período más largo de sobriedad en el último año? _____

¿Cuál es el período más largo que has estado abstinente? _____

¿A qué edad tomaste tu primer trago? _____

¿Cuánto tiempo ha sido un problema para ti beber? _____

¿Cuándo fue la última vez que bebiste?_____

HISTORIAL DE DROGAS

Describa tu patrón de consumo de drogas en los últimos 30 días: _____

_____

_____

_____

_____

¿Hace cuánto que no usas una droga que no sea alcohol? _____

¿Cuánto tiempo ha sido un problema para ti el consumo de drogas? _____

¿Qué usaste y cuánto? _____

SUSTANCIAS ESPECÍFICAS CONSUMIDAS

INSTRUCCIONES: Completa el siguiente gráfico. Sé tan específico como puedas.

DROGAS CONSUMIDAS	Edad Comenzó	Edad Par'o	Cantidad/ Frecuencia	Cómo Administrado
MARIJUANA				
OPIÁCEOS/HEROÍNA				
COCAÍNA				
ANFETAMINAS				
Especificar:				
BARBITÜRICOS				
Especificar:				
TRANQUILIZANTES				
Especificar:				
INHALANTES				
Especificar:				
MEDICAMENTOS SIN RECETA				
Especificar:				
MEDICAMENTOS CON RECETA				
Especificar:				
METADONA				
CAFEÍNA				
NICOTINA				
ALCOHOL				
Especificar:				

"Me gustan drogas que me hacen sentir _____."

"No me gustan drogas que me hacen sentir _____."

Enumere otros problemas compulsivos (p. ej., comida, relaciones, trabajo, sexo): _____

_____

¿Crees que eres adicto al alcohol o a las drogas?   Sí ☐   No ☐

Sí no estás seguro por favor explique: _____

_____

_____

_____

¿Cuántas veces has intentado en serio de mantener abstinencia?

Elige una respuesta: Ninguna vez lo he intentado (0)   Uno (1)   Dos (2)

Tres (3)   Cuatro (4)   Cinco (5)   Más de cinco (6+)

¿Cuál es el período de tiempo más largo que has podido mantener abstinencia?

Elige una respuesta: Nunca he probado la abstinencia a largo plazo (0)

Menos de cuatro semanas (-4)   Cuatro semanas (4)   Seis semanas (6)   Doce semanas o más (12+)

HISTORIAL DE TRATAMIENTO

¿Cuántas veces has sido ingresado para desintoxicación de alcohol y drogas?

Elige una respuesta: Ninguno (0)   Uno (1)   Dos (2)   Tres (3)

Cuatro (4)   Cinco (5)   Más de cinco (6+)

Enumere los programas de recuperación en los que has estado.

Instalaciones:	Ubicación:	Paciente interno	Paciente Externo	Fechas	Tratamiento Cumplido
					☐ Sí ☐ No
					☐ Sí ☐ No
					☐ Sí ☐ No
					☐ Sí ☐ No

¿Qué ha sido más útil en tus intentos de recuperación anteriores?
Encierra en un círculo las letras:

   a. Programa de Doce Pasos   b. Iglesia / Religión   c. Amigos   d. Familia   e. Otro

¿Tiene actualmente un mentor de Doce Pasos?   Sí ☐   No ☐

   En caso afirmativo, nombre: _____ Teléfono: ( ) _____

Brevemente, ¿qué crees que ha faltado en tus intentos de recuperación anteriores? _____

_____

_____

Cuando estabas más activamente involucrado en tu recuperación, ¿a cuántas reuniones de grupos de recuperación (AA, NA, etc.) asistías durante una semana promedio?

   Nunca he asistido a reuniones de grupos de recuperación (0) _____

   Menos de una reunión por semana (-1) _____   Una reunión por semana (1) _____

   Dos reuniones por semana (2) _____   Tres o más reuniones por semana (3+) _____

Elije la frase que mejor describa qué tan firmemente crees que eres adicto.

   Totalmente convencido _____ Mayormente convencido _____ Parcialmente convencido _____

   No convencido_____

¿Estás actualmente en recuperación y experimentando dolor, o tienes dificultades para mantenerte abstinente?

_____ Sí, y creo que podría recaer pronto.

_____ Sí, pero no estoy en peligro inmediato de recaída. Solo quiero reducir mi riesgo.

_____ No, no estoy experimentando ningún dolor o dificultad para funcionar y no me preocupa el riesgo inmediato de recaída.

ESTATUS LEGAL

¿Estás involucrado actualmente en alguno de los siguientes asuntos legales? Sí ☐ No ☐
If yes, which?

Libertad bajo palabra ☐   Libertad Condicional ☐   Procedimientos de divorcio ☐   Procesos Civiles ☐

Procedimientos de custodia de niños ☐   Programa para conductores ebrios ☐   Cargos de agresión ☐

¿Tiene pendiente una comparecencia ante un tribunal?   Sí ☐   No ☐

En caso afirmativo, ¿cuándo y dónde? _____
¿Cuánto tiempo ha pasado en?: Prisión: _____   Otro centro de correcciones: _____

Enumere todas las condenas anteriores:

Convicción:	Fechas:	Tiempo servido:

Nombre del oficial de libertad condicional:: _____

Teléfono: (___) _____

¿Con qué frecuencia hay que rendir cuentas? _____

HISTORIA DEL DESARROLLO

Acontecimientos significativos de la vida y traumas:

_____

_____

_____

_____

_____

_____

_____

_____

HISTORIAL MÉDICO

Altura: _____ **Peso:** _____ **Fecha y año del último examen físico:** _____

¿Tiene actualmente sobrepeso o bajo peso? Sí ☐ No ☐ (+) _____ (-) _____

¿Alguna vez has tenido problemas de control con la comida? Sí ☐ No ☐ En caso afirmativo explicar:

_____

_____

Describe tu salud física pasada y presente (incluye hospitalizaciones y accidentes o enfermedades graves):

_____

_____

_____

¿Alguna vez ha tenido convulsiones o ataques? Sí ☐ No ☐

¿Actualmente está tomando algún medicamento? Sí ☐ No ☐

En caso afirmativo, ¿qué medicamentos estás tomando actualmente y para qué sirven?

_____

_____

¿Tienes alergias a la penicilina, a otros antibióticos, a la aspirina, a la codeína, a la morfina, a las picaduras de abejas, a otras drogas, a los alimentos, etc.? En caso afirmativo, por favor explica:

_____

Fecha de la última prueba de SIDA: _____ Resultado: ☐ Pos. ☐ Neg.

Fecha de la última prueba de tuberculosis: _____ Resultado: ☐ Pos. ☐ Neg.

SÍNTOMAS MÉDICOS GENERALES

_____	problemas para dormir	_____	alta presión sanguínea
_____	pérdida de apetito	_____	rápido aumento/pérdida de peso
_____	problemas de ojos/visión	_____	diarrea / estreñimiento
_____	frecuentes dolores de cabeza	_____	problemas sexuales
_____	alergias sangre en las heces	_____	problemas de estómago / úlceras
_____	sangre en las heces	_____	problemas hepáticos
_____	temblores	_____	diabetes
_____	convulsiones o ataques	_____	hipoglucemia
_____	tos persistente / resfriado	_____	pancreatitis
_____	dificultad para respirar	_____	condición contagiosa
_____	vómitos	_____	gastritis
_____	úlceras que no sanan	_____	Hepatitis: Tipo:____ Cuándo: ____
_____	enfermedad venérea	_____	intentos de suicidio
_____	tosiendo sangre	_____	Otro: _____

OTROS SÍNTOMAS

Encierre en un círculo los números de los siguientes síntomas de abstinencia que experimenta actualmente:

1. Confusión   2. Dificultad de memoria   3. Cambios de humor   4. Torpeza

5. Obsesiones, impulsos de consumir / usar   6. Perturbación de sueño: a) demasiado b) poco

7. Ansiedad, ataques de pánico   8. Depresión   9. Estrés

10. Pensamientos suicidas: a) intentos _____ b) método _____
      número   (ejemplo: pastillas, alcohol, armas, cortarse)

Muchos de estos síntomas son el resultado de la dependencia o el abuso de sustancias químicas. Si persisten después abstinencia o empeoran, revisa tu historial médico familiar, y sométete a un examen médico completo.

¿Estás actualmente bajo el cuidado de un?:

Médico ☐   Psiquiatra ☐   Psicólogo ☐   Terapeuta ☐

Si es así, ¿podemos contactarlos?   Sí ☐   No ☐   If yes, please list:

Nombre: _____   Teléfono: (   ) _____

Nombre: _____   Teléfono: (   ) _____

¿Cuáles son tus diagnósticos? _____

CONDICIONES PSIQUIATRICAS / PSICOLOGICAS

Describe cualquier historial familiar de enfermedad mental, abuso de alcohol/drogas, etc.: _____

_____

_____

Si has sido diagnosticado con una condición psicológica, por favor explica: _____

_____

_____

RELACIONES

Describa tu relación con tu familia de origen: _____

_____

_____

¿Cuál es tu relación actual con tu familia? Explica: _____

_____

_____

¿Tienes amigos actuales de confianza y fiables? _____ _____

_____

_____

© Genesis Process - Dye   20

¿Conoces a alguien que haya completado el libro de trabajo de Génesis y te pueda ayudar? Sí ☐ No ☐

En caso afirmativo, nombre/s:_____

¿Estás actualmente involucrado en una relación romántica? Sí ☐ No ☐

En caso afirmativo, describa tu relación con tu pareja :_____

_____

_____

¿Alguna vez has tenido problemas con la pornografía, la fantasía, la masturbación crónica o la prostitución?

Sí ☐ No ☐ Explica:_____

_____

_____

¿Tienes hijos? Sí ☐ No ☐ En caso afirmativo, proporcione nombres y edades:

_____

_____

_____

_____

HISTORIAL LABORAL

¿Tu trabajo actual te satisface? Sí ☐ No ☐ Explica: _____

_____

_____

_____

Indique empleos anteriores: _____

_____

_____

_____

¿Cuáles son tus ambiciones?_____

_____

¿Cuáles son tus aficiones? _____

_____

EDUCACIÓN

Enumera cualquier educación o formación especial que tengas: _____

_____

_____

FINANZAS

¿Cuál es tu situación financiera actual? _____

Facturas, multas: _____

Manutención de los hijos: _____

Gastos de vivir: _____

Ahorros: _____

TRASFONDO ESPIRITUAL

¿Asistías a la iglesia o participabas en una actividad religiosa cuando eras niño?   Sí ☐   No ☐

En caso afirmativo, ¿cuántos años? _____ ¿Con qué frecuencia? Casi nunca ☐   Ocasionalmente ☐

Regularmente ☐

¿Denominación? ☐   ¿Aconfesional? ☐   ¿Preferencia? _____

¿Fuiste bautizado?   Sí ☐   No ☐

¿Cuál es tu relación actual con Dios? _____

_____

_____

_____

Tu nivel de confianza actual con Dios (Califica entre 0-5, siendo 0 el más bajo y 5 el más alto): _____

¿Actualmente asistes a una iglesia?   Sí ☐   No ☐   En caso afirmativo, indica lo siguiente:

Nombre de la iglesia: _____

Nombre del párroco o pastor: _____

Participación semanal: _____

Describe tus creencias espirituales actuales: _____

_____

_____

_____

¿Qué papel juega Dios en tu vida/plan de recuperación? _____

_____

¿Qué cambios recientes has tenido en tu vida religiosa (si los hubo)? _____

_____

_____

_____

METAS

Escriba una descripción de tus objetivos a corto y largo plazo, y lo que necesitarás para alcanzarlos:

_____

_____

_____

_____

RECUPERACIÓN

¿Cuál fue el problema principal que te llevó a buscar ayuda en este momento? _____

_____

_____

¿Cómo se relaciona el problema con sus adicciones? _____

_____

_____

¿Cuándo fue la última vez que consumió drogas y/o alcohol?_____

¿Qué sustancia? _____

¿Cuánto tomaste? _____

¿Qué necesitas hacer diferente esta vez para tener éxito en tu recuperación? _____

_____

_____

_____

EL SECRETO DE LA ESPERANZA

"... es más, hasta de las dificultades nos sentimos orgullosos, porque sabemos que la dificultad produce constancia, la constancia produce una virtud A toda prueba, y una virtud así es fuente de esperanza. Una esperanza que no decepciona, porque al darnos el Espíritu Santo, Dios nos ha inundado con su amor el corazón."
—Romanos 5:3-5 (BLP)

La esperanza es un ingrediente fundamental para la prevención de recaídas. La esperanza no es un concepto; la esperanza es una sustancia. Es algo que tienes o no tienes. **La esperanza viene cuando proyectas al futuro las cosas positivas que sientes y haces hoy.** Si estás motivado y lo estás haciendo bien hoy, lo proyectas hacia el futuro diciendo: "Dentro de seis meses, las cosas van a estar mucho mejor". Si estás estancado y no te va bien hoy, también lo proyectas hacia el futuro diciendo: "Dentro de seis meses, las cosas van a ser aún peores". La esperanza es proyectar tu estado actual hacia el futuro. La esperanza viene de hacer cambios. El cambio viene de tomar riesgos, y el riesgo es siempre el precursor del cambio. Cuando muestras valentía y tomas riesgos, cambias, y de ese cambio surge la esperanza.

La esperanza es la sustancia que te ayuda a superar un mal día. Si tienes un mal día y no tienes esperanza, no se te ocurre ninguna razón para no recaer. Si has estado tomando muchos riesgos para hacer cambios positivos, puedes ver que todo lo demás en tu vida va en una buena dirección y que "este es solo un mal día". Eso es la esperanza.

≡ **PENSAMIENTO**
clave

ESPERANZA

La ESPERANZA viene del CAMBIO, **CAMBIO**
El CAMBIO viene del RIESGO,
EL RIESGO viene de la FE,
FE **la FE te da la ESPERANZA para,**
CAMBIAR y ARRIESGAR de nuevo.

RIESGO

REPASO

¿Dónde te encuentras en esta fórmula? Describa qué riesgo estás tomando actualmente. _____

_____

_____

Al hacer este Proceso, ¿qué has aprendido acerca de tus puntos fuertes? _____

_____

_____

¿Qué has aprendido acerca de tus debilidades? _____

_____

_____

¿Crees que cuentas con el apoyo suficiente para enfrentar el reto del cambio? Sí ☐ No ☐

¿Qué crees que pensará tu consejero sobre tu capacidad para hacer este libro de trabajo? _____

_____

_____

CIERRE DEL PROCESO

Responda las siguientes preguntas para discutir con tu consejero:

¿Qué nuevas ideas aprendiste durante este proceso? _____

_____

_____

_____

_____

_____

¿En qué necesitas trabajar? _____

_____

_____

_____

_____

_____

_____

Pídele a tu consejero que ore contigo acerca de:_____

_____

_____

_____

_____

TAREA: APLICACIÓN A LA VIDA

Asegúrate de rellenar y firmar los formularios de compromiso y liberación en las siguientes páginas. Pregúntale a tu consejero acerca de tener un compañero Génesis cada semana.

VERSÍCULO DE MEMORIA PARA LA PRÓXIMA SESIÓN

*"Porque tal como son sus pensamientos, así
son ellos..."* —Proverbios 23:7 (VBL)

Versículo de Memoria

COMPROMISO DE CONSEJERÍA GÉNESIS

El Proceso
Génesis

Yo, _____ , me comprometo a hacer estos ejercicios y tareas. Me arriesgaré a hacer los cambios sugeridos por mi consejero. Me presentaré a las citas programadas.

Firmado:_____ Fecha: _____
(Firma del cliente)

Como el Consejero de Génesis para este cliente, yo, _____,
me comprometo a la confidencialidad de toda la información del cliente, con excepción de las siguientes personas:

_____

_____

_____

Firmado:_____ Fecha: _____
(Firma del consejero)

CONSENTIMIENTO PARA LA DIVULGACIÓN DE INFORMACIÓN CONFIDENCIAL

Yo, _____ autorizo a _____

      (Nombre del cliente)   (Nombre del consejero)

para liberar cualquier documentación o divulgar cualquier información a _____

_____

que sea necesario para una adecuada evaluación y tratamiento durante mi consejería de Génesis.

_____   _____

      Firma del Cliente   Fecha

_____   _____

      Firma del Consejero   Fecha

CONSENTIMIENTO PARA LA DIVULGACIÓN DE INFORMACIÓN CONFIDENCIAL

Yo, _____ autorizo a _____

      (Nombre del cliente)   (Nombre del consejero)

para liberar cualquier documentación o divulgar cualquier información a _____

_____

que sea necesario para una adecuada evaluación y tratamiento durante mi consejería de Génesis.

_____   _____

      Firma del Cliente   Fecha

_____   _____

      Firma del Consejero   Fecha

Notas

CONSENTIMIENTO PARA LA DIVULGACIÓN DE INFORMACIÓN CONFIDENCIAL

Yo, _____ autorizo a _____
        (Nombre del cliente)   (Nombre del consejero)

para liberar cualquier documentación o divulgar cualquier información a _____

_____

que sea necesario para una adecuada evaluación y tratamiento durante mi consejería de Génesis.

_____   _____
Firma del Cliente   Fecha

_____   _____
Firma del Consejero   Fecha

CONSENTIMIENTO PARA LA DIVULGACIÓN DE INFORMACIÓN CONFIDENCIAL

Yo, _____ autorizo a _____
        (Nombre del cliente)   (Nombre del consejero)

para liberar cualquier documentación o divulgar cualquier información a _____

_____

que sea necesario para una adecuada evaluación y tratamiento durante mi consejería de Génesis.

_____   _____
Firma del Cliente   Fecha

_____   _____
Firma del Consejero   Fecha

Notas

FICHA DE ASESORAMIENTO, EL CLIENTE A UN VISTAZO

Cada semana antes de tu sesión de consejería rellena el formulario de "El Cliente a un Vistazo" y revísalo con tu consejero. Deje el formulario en su libro para que esté disponible para tu consejero. Este formulario ayuda al consejero evaluar tu nivel de estabilidad para continuar en el Proceso, y la calidad de tu compromiso a la recuperación. Es posible que tendras que adaptar cada sección a lo que está disponible en tu comunidad. Las tres secciones son:

1) **Apoyo de otras personas que están luchando con los mismos desafíos que tú**
2) **Progreso y apoyo del Proceso Génesis**
3) **Crecimiento espiritual y nuevas relaciones**

Hay fichas adicionales de "Cliente a un Vistazo" el Apéndice.

A un Vistazo

FICHA DE ASESORAMIENTO: CLIENTE A UN VISTAZO

Nombre del cliente: _____ **Consejero:** _____

Fecha:												
Nombre de mentor de 12 pasos u otro:	Dirección:					Dirección:						
Número de teléfono:	Hogar: Trabajo:					Hogar: Trabajo:						
Reunión con mentor												
Trabajando en el paso número:												
Número de reuniones de recuperación asistidas												
Asistí a la sesión de consejería Génesis												
Número proceso Génesis completado												
Tarea completada:												
Trabajo de memoria completado:												
Nombre del compañero Génesis o Grupo de apoyo												
Proceso con compañero Génesis:												
Nombre y dirección de Iglesia:					Teléfono							
Nombre del Pastor:					Teléfono							
Servicio dominical asistido:												
Tareas: (Ejemplo: conocer a gente)												
Cualquier recaída:												

FICHA DE ASESORAMIENTO: CLIENTE A UN VISTAZO

Nombre del cliente: _____ Consejero: _____

Fecha:											
Nombre de mentor de 12 pasos u otro:	Dirección:					Dirección:					
Número de teléfono:	Hogar: Trabajo:					Hogar: Trabajo:					
Reunión con mentor											
Trabajando en el paso número:											
Número de reuniones de recuperación asistidas											
Asistí a la sesión de consejería Génesis											
Número proceso Génesis completado											
Tarea completada:											
Trabajo de memoria completado:											
Nombre del compañero Génesis o Grupo de apoyo											
Proceso con compañero Génesis:											
Nombre y dirección de Iglesia:						Teléfono					
Nombre del Pastor:						Teléfono					
Servicio dominical asistido:											
Tareas: (Ejemplo: conocer a gente)											
Cualquier recaída:											

Notas

PROCESO DOS:
CREENCIAS FALSAS

META DEL PROCESO: Empezarás a descubrir y desafiar las creencias falsas que han respaldado tu comportamiento destructivo.

SISTEMAS DE CREENCIAS

SISTEMAS DE CREENCIAS
Identificarás lo que crees acerca de Dios, el mundo y ti mismo.

SISTEMAS DE CREENCIAS FALSAS

CREENCIAS FALSAS COMUNES
Identificarás creencias falsas, determinarás si son una mentira proyectada o una mentira de supervivencia, y reflexionarás sobre cómo han afectado tu vida y tus relaciones.

EL CAMINO A LA HERIDA

EL CAMINO A LA HERIDA
Completarás la ficha Camino a la herida. Identificarás cómo las heridas del pasado todavía te afectan hoy.

SISTEMAS DE CREENCIAS

Lo que haces surge de tus creencias sobre ti mismo, los demás, y Dios. Para tener una nueva vida, no sólo un cambio de comportamiento destructivo, debes examinar tus sistemas de creencias actuales. La base de quién eres y lo que haces surge de tu sistema de creencias, que incluye aquellas creencias que impulsan comportamientos destructivos. Entonces, si deseas cambiar sus comportamientos destructivos, debes comprender qué emociones están anestesiando y lo qué crees que crea la emoción.

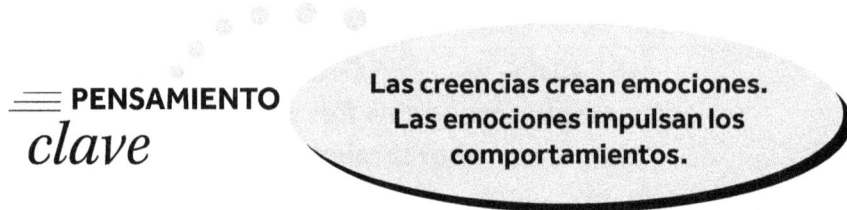

≡ PENSAMIENTO
clave

> Las creencias crean emociones.
> Las emociones impulsan los
> comportamientos.

En este proceso, el cambio requiere conocimiento y cambiar algunas de tus creencias sobre Dios, tú mismo, los demás y el mundo. Ora y pídele a Dios que te ayude a expresar tus creencias en el ejercicio a continuación.

Eche un vistazo a algunas de tus creencias actuales para aumentar la conciencia de cómo pueden estar impulsando tu actitud hacia el mundo, impactando tus relaciones y provocando tus comportamientos.

CREENCIAS SOBRE DIOS

1. ¿Qué crees acerca de Dios?

_____

_____

2. Dios es
    a)   una fuerza
    b)   un estado de conciencia
    c)   el creador personal
    d)   otro:_____

3. ¿Es posible conocer a Dios personalmente?   Sí ☐   No ☐   Si es Sí, ¿cómo? _____

_____

_____

4. Dios es básicamente
    a)   bueno y amoroso
    b)   malo y furioso
    c)   ambos
    d)   ninguno

5. Jesús es
    a)   un gran profeta/maestro
    b)   nunca existió
    c)   Dios en la carne, Salvador del mundo
    d)   otro:_____
    e)   no sé

6. **¿Eres capaz de entregar tu vida y tu voluntad a Dios?**

    a)   Confío un poco en Dios.
    b)   Desconfío de Dios.
    c)   Temo a Dios.
    d)   Amo y confío en Dios.
    e)   He entregado mi vida y mi voluntad a Dios.

7. **¿Tiene Dios un plan para tu vida?**   Sí ☐   No ☐   ¿Si es Sí, cuál es? _____

_____

_____

_____

_____

_____

8. **Estas creencias ¿Cómo afectan a tu vida? (te hace actuar y sentir)** _____

_____

_____

_____

_____

_____

9. **Lo que crees espiritualmente da forma a tu moralidad, valores, relaciones, cómo te ves a ti mismo y también el valor que le das a tu vida y a los demás. ¿Qué aprendiste de este ejercicio?**

_____

_____

_____

_____

_____

_____

_____

_____

FICHA: CREENCIAS SOBRE UNO MISMO Y LOS DEMÁS

INSTRUCCIONES: Haz una lista de tres palabras positivas y tres palabras negativas para describir lo que crees sobre tú mismo y los demás. Utilice hojas

Persona:	Tres palabras positivas:	Tres palabras negativas:
Ejemplo: Madre	1 inteligente 2 guapa 3 ordenada	1 necesitaba hombres (adicta al sexo) 2 bebía (alcohólica) 3 derrochadora compulsiva
A. Tú mismo	1 2 3	1 2 3
B. Padre	1 2 3	1 2 3
C. Madre	1 2 3	1 2 3
D. Nombre del tutor principal:	1 2 3	1 2 3
E. Hermano/a Nombre:	1 2 3	1 2 3
F. Amigos	1 2 3	1 2 3
G. Figura de autoridad Maestros, líderes, etc. Nombre:	1 2 3	1 2 3
H. Cónyuge/pareja	1 2 3	1 2 3

¿Qué aprendiste de esta hoja de trabajo? _____

_____

_____

SISTEMAS DE CREENCIAS FALSAS

Los sistemas de creencias son importantes. El Diccionario Webster da esta definición para la palabra "creencia": tener confianza en lo que es verdadero. Cuando tienes seguridad y confianza en algo que pensabas que era verdad pero en realidad era una mentira, tienes un Sistema de Creencias Falsas (SCF). Si tienes un sistema de creencias que es verdadero, y la realidad lo atestigua como verdad, entonces tiene un Sistema de Creencias Verdaderas (SCV).

Entonces, ¿cómo puedes distinguir una creencia verdadera de una falsa? Mire la tabla a continuación para ayudarte a responder esta pregunta.

DIFERENCIAS ENTRE CREENCIAS VERDADERAS Y FALSAS

CREENCIAS VERDADERAS...	CREENCIAS FALSAS...
se basan en la Palabra de Dios: Verdad y Realidad.	se basan en el miedo o surgen de la pérdida o el dolor.
aumentan el valor y el crecimiento de un individuo.	degradan y disminuyen el valor y el crecimiento de un individuo.
se demuestran verdaderas a través de experiencias de vida que edifican tanto a uno mismo y a otros.	se demuestran falsos por comportamientos destructivos, defensivos y relaciones dolorosas.
resultan en relaciones seguras y saludables.	resultan en separación y aislamiento de los demás.
crean paz y confianza.	crean ansiedad y agotamiento.
resultan en emociones.	resultan en emociones falsas.

"Examíname, oh Dios, y conoce mi corazón; Pruébame y conoce mis pensamientos; Y ve si hay en mí camino de perversidad, Y guíame en el camino eterno.
—Salmo 139: 23-24 (RV1960)

Aunque las diferencias anteriores parecen fáciles de reconocer, separar las CREENCIAS VERDADERAS de las CREENCIAS FALSAS es muy difícil. Algunos de tus sistemas de creencias se han desarrollado mucho antes de que te hiciste consciente de ellos. Creerás que tus falsas creencias son verdaderas, especialmente si alguien en quien confiabas te dijo que eran ciertas. Las creencias falsas se derrumban frente el desafío de otros y verdades bíblicas. Por lo cual es posible que te pongas a la defensiva cuando otros las desafíen.

En la próxima sesión, verás algunas creencias compartidas por muchas culturas. Se te pedirá que identifiques aquellas que forman parte de su sistema de creencias y que reconozcas su impacto en tu vida y tus relaciones.

PERSPECTIVAS SOBRE LOS SISTEMAS DE CREENCIAS FALSAS

Examinemos las creencias falsas desde tres perspectivas distintas:

1) **De dónde vienen**
2) **El efecto que una creencia falsa tiene sobre ti y los demás**
3) **Cómo cambiar los sistemas de creencias**

MENTIRAS PROYECTADAS

Los Sistemas de Falsas Creencias o mentiras que parecen afectar más a las personas son los de su infancia. Estos pueden nacer de dos fuentes diferentes, la primera son las mentiras que otras personas te dijeron, ya sea sobre ti o sobre tu vida. Estas se llaman *"mentiras proyectadas."* Por ejemplo, tu mamá te dijo: "No eres bueno. Eres malo. Eres como tu padre borracho. Nunca llegarás a ser nada. Eres poco hermoso. **Las mentiras proyectadas son cuando la gente toma sus propios dolores y miedos y los proyectan sobre otras personas.**

Cuando eras niño, no tenías defensas para las mentiras proyectadas que te decía alguna figura de autoridad o un tutor. Esas mentiras entraron directamente en tu corazón y se convirtieron en verdades o profecías autocumplidas que pueden seguir saboteando tus intentos de éxito. Si te decían que eras malo y creías que eras malo, entonces pensabas que era normal hacer cosas malas durante la niñez, la adolescencia y como adulto. Las mentiras que te dijeron en la infancia pueden hacer que no puedas distinguir entre haber hecho algo que es moralmente malo o haber cometido un simple error. Las mentiras proyectadas pueden resultar en la incapacidad de distinguir entre lo que hiciste y quién eres, entre haber cometido un error y ser estúpido o una mala persona.

≡ **PENSAMIENTO**
clave

> **Las mentiras proyectadas son lo que otras personas te dicen. Las mentiras de supervivencia son las que te dices a ti mismo.**

MENTIRAS DE SUPERVIVENCIA

La segunda fuente de mentiras que crean Sistemas de Creencias Falsas son **las "mentiras de supervivencia." Estas son las mentiras que la gente se dice a sí misma como una forma de sobrevivir.** Si te criaste en una familia abusiva, es posible que tus necesidades hayan sido desatendidas. El mismo acto de tener una necesidad te hacía vulnerable. Como niño vulnerable, si seguías teniendo necesidades que no se satisfacían, te lastimaba una y otra vez. Con el tiempo, se te ocurrió una forma de dejar de ser vulnerable para poder sobrevivir al dolor. Es posible que te hayas dicho a ti mismo: "No necesito a nadie." Como niño, tus necesidades fueron negadas o castigadas, por lo que probablemente desarrollaste una creencia para protegerte que decía: "No necesito a nadie ni a nada." Esa mentira de supervivencia se convirtió en un Sistema de Creencias Falsas que aún puede controlar tu vida adulta. Crecer con un sistema de creencias que dice: "No necesito a nadie" puede hacer que te aísles. Negarse a ser vulnerable puede hacer que la vida sea menos dolorosa ahora, pero saboteará tus relaciones en el futuro.

EFECTOS DE LAS CREENCIAS FALSAS

Creer que no necesitas a nadie resulta en soledad y causa un dolor profundo en tu corazón y alma. Este tipo de dolor a menudo resulta en algún tipo de comportamiento compulsivo, como drogas, alcoholismo, comer en exceso, gastar demasiado, apostar, trabajar demasiado o actuar sexualmente. La lista de comportamientos de afrontamiento es larga y única para cada individuo: una mujer solía darse un atracón limpiando un armario cuando no podía lidiar con su situación. Si inconsciente o conscientemente crees que "no necesito a nadie", no podrás estar cerca de la gente. Si no puedes estar cerca de las personas, no podrás confiar en las personas. Si no eres capaz de confiar en las personas, te sentirás solo, aislado y enojado. En consecuencia, probablemente encontrarás una forma de lidiar con el dolor que podría volverse compulsivo.

Muchas experiencias dolorosas en la vida son causadas por mentiras conscientes y subconscientes que te dices a ti mismo. En la página 43 de su libro, "Victoria Sobre la Oscuridad", Neil T. Anderson dice: "Ninguna persona puede comportarse consistentemente de una manera que sea inconsistente con la forma en que se percibe a sí misma". En otras palabras, si tienes un sistema de creencias que dice: "Soy una mala persona", tu comportamiento acabará siendo consistente con esa percepción. Es difícil tratar de controlar un comportamiento destructivo cuando la fuerza que lo impulsa es un Sistema de Creencias Falsas subconsciente.

"No os conforméis a este siglo, sino transformaos por medio de la renovación de vuestro entendimiento, para que comprobéis cuál sea la buena voluntad de Dios, agradable y perfecta."
—Romanos 12: 2 (RV1960)

≡ **PENSAMIENTO**
clave

La mayoría de las compulsiones son formas de mitigar el dolor y anestesiar la soledad causada por el aislamiento de mentiras de supervivencia.

REFLEXIÓN SOBRE CREENCIAS FALSAS

1. Explique la diferencia entre mentiras proyectadas y mentiras de supervivencia. _____

_____

_____

_____

2. ¿Cómo afecta tu sistema de creencias a tu comportamiento? (ver Pensamiento Clave en la página 36)

_____

_____

_____

_____

SISTEMAS COMUNES DE CREENCIAS FALSAS

INSTRUCCIONES: Revisa las declaraciones que se enumeran a continuación y completa solo las columnas de las con que te identificas. Repite cada creencia a ti mismo y solo haz las que sienten verdaderas para ti. Encierra en un círculo si se trata de una mentira proyectada (MP) o una mentira de supervivencia (MS). Revisa tus creencias falsas con tu consejero en tu próxima sesión y analiza cómo te afectan a ti y a tus relaciones con los demás.

Sistema de creencias falsas:		Cómo me afecta (hacerme sentir y actuar):	Cómo afecta mis relaciones:
Ejemplo: No necesito a nadie	MP (MS)	Me aísla. No puedo pedir ayuda. Atascarme en problemas. Sólo tengo relaciones superficiales.	La gente piensa que no me gustan. Deja fuera a la gente. Me acusan de ser un pijo.
1. No puedo confiar en nadie.	MP MS		
2. Si no tengo el control, algo malo sucederá.	MP MS		
3. Soy una víctima.	MP MS		
4. Soy superior a los demás.	MP MS		
5. Si soy vulnerable, me lastimaran.	MP MS		
6. Soy malo / no bueno.	MP MS		
7. Siempre fallaré No importa cuanto me esfuerce.	MP MS		
8. Soy estúpido.	MP MS		
9. No valgo nada.	MP MS		

Sistema de creencias falsas:		Cómo me afecta (hacerme sentir y actuar):	Cómo afecta mis relaciones:
10. No puedo enfrentar la vida sin sustancias químicas.	MP MS		
11. Tengo valor cuando me necesitan.	MP MS		
12. No necesito a nadie.	MP MS		
13. Soy mis defectos.	MP MS		
14. Mi valor está en mi apariencia.	MP MS		
15. Cualquier cosa que haga no será lo suficientemente buena.	MP MS		
16. Estoy solo; No le importo a nadie; Tengo que cuidarme yo solo.	MP MS		
17. Me siento responsable por los sentimientos, problemas y comportamientos de otras personas.	MP MS		
18. Mi valor se basa en mi desempeño.	MP MS		
19. Si la gente me conoce, no les gustaré.	MP MS		
20. Dios no me ama ni se preocupa por mi.	MP MS		
21. Dios no estará allí cuando lo necesite.	MP MS		

Sistema de creencias falsas:		Cómo me afecta (hacerme sentir y actuar):	Cómo afecta mis relaciones:
22. A la gente solo le agradaré si soy feliz.	MP MS		
23. Las figuras de autoridad me traicionarán.	MP MS		
24. No merezco ser feliz.	MP MS		
25. No puedo cambiar.	MP MS		
26. Si no siento no dolerá.	MP MS		
27. Pedir ayuda es señal de debilidad.	MP MS		
28. Algunos pecados no son perdonables.	MP MS		
29. La gente me necesita, pero yo no los necesito a ellos.	MP MS		
30. Puedo hacer la recuperación por mí mismo.	MP MS		
31. La gente me amará y me aceptará si soy perfecto.	MP MS		
32. Nunca tendré éxito.	MP MS		
33. Las reglas no se aplican a mi.	MP MS		

Sistema de creencias falsas:		Cómo me afecta (hacerme sentir y actuar):	Cómo afecta mis relaciones:
34.	MP MS		
35.	MP MS		
36.	MP MS		
37.	MP MS		

CAMBIANDO CREENCIAS FALSAS

Cambiar creencias falsas requiere identificar tus creencias y cómo te están afectando hoy. Necesitas determinar si son verdaderas o falsas. Identifica cada creencia falsa como una mentira proyectada o una mentira de supervivencia y reemplaza la con la verdad. Cuando cambies tus creencias falsas por creencias verdaderas, tus comportamientos destructivos también comenzarán a cambiar. Degradarte a ti mismo con adicciones ya no tendrá el poder que alguna vez tuvo. Tu consejero te ayudará a reemplazar las creencias falsas con la VERDAD, lo que resultará en un cambio.

"Porque cual es el pensamiento de un hombre en su corazón, así es él..."
—Proverbios 23:7 (RV)

"Conoceréis la verdad, y la verdad os hará libres."
—Juan 8:32 (NAS)

≡ **PENSAMIENTO**
clave

La rebeldía es el miedo a ser controlado.

CAMINO A LA HERIDA

Los Sistemas de Creencias Falsas más poderosos son subconscientes. En este ejercicio, descubrirás algunas de esas falsas creencias subconscientes que aún hoy te afectan. Cualquier situación en la que reacciones de forma exagerada o insuficiente probablemente involucre el dolor de una vieja herida. Estas heridas están protegidas por las falsas creencias y comportamientos que has desarrollado. La siguiente hoja de trabajo se llama "Camino a la herida". Para tu próxima cita con tu consejero, anota dos situaciones en las que reaccionaste de forma exagerada. En otras palabras, tu comportamiento y emociones fueron menores o mayores de lo que justificaba el evento. Puedes usar las Hojas de Trabajo de Camino a la Herida cuando las necesites durante el Proceso Génesis. Le el ejemplo en la página siguiente antes de hacer tu propia hoja de trabajo.

FICHA CAMINO A LA HERIDA. EJEMPLO:

INSTRUCCIONES: El siguiente ejemplo muestra a un hombre que explotó con su jefe y se fue. Le el ejemplo, luego completa las hojas de trabajo en blanco "Camino a la herida" usando eventos de tu propia vida, y tu consejero te ayudará a procesarlo.

Evento que causó tu reacción— ¿Qué pasó?, ¿Qué lo desencadenó?	*Discusión airada con el jefe cuando tomó una decisión que me afectó sin hablar conmigo primero.*
Reacción emocional insuficiente/ excesiva: ¿Cómo sentiste (nombre el sentimiento)? ¿Qué tan fuerte fue la emoción siendo 10 lo más fuerte?	*Enojo.*
Reacción física— ¿Qué hiciste?	*Le reproché a mi jefe lo que hizo.*
Tus sentimientos/acciones están justificados porque crees...	*Me faltó el respeto y rompió sus propias reglas sobre seguir la cadena de mando.*
SCF - Identifica la "mentira de supervivencia" ¿Qué te has dicho a ti mismo?	*No se puede confiar en las autoridades. Son hipócritas, espero injusticia.*
Identifique la "mentira proyectada" que te han dicho otros.	*Ser vulnerable es mostrar debilidad. (Vulnerabilidad es debilidad.)*
¿Quién más te ha hecho sentir así? ¿Cuándo?	*Mi padrastro. Tenía un conjunto de reglas para sí mismo y otro para los demás.*
¿Qué podrías haber hecho diferente?	*Ser humilde y someterme. Escuchar su punto de vista.*
Creencia verdadera — Realidad + Escritura = Verdad	*No me faltó el respeto a propósito. Toda autoridad no es como mi padrastro.* *Escritura: Toda autoridad viene de Dios.* *(—Romanos 13:1-7, Hebreos 13:17)*

EJERCICIO DE CAMINO A LA HERIDA

INSTRUCCIONES: cualquier situación en la que reacciones de forma exagerada o insuficiente probablemente implique el dolor de una vieja herida. Estas heridas están protegidas por las creencias falsas que has desarrollado. Las llamamos el "Camino a la herida". Completa la ficha en blanco "Camino a la herida" y tu consejero te ayudará a procesarla.

Evento que causó tu reacción— ¿Qué pasó?, ¿Qué lo desencadenó?	
Reacción emocional insuficiente/ excesiva: ¿Cómo sentiste (nombre el sentimiento)? ¿Qué tan fuerte fue la emoción siendo 10 lo más fuerte?	
Reacción física— ¿Qué hiciste?	
Tus sentimientos/acciones están justificados porque crees...	
SCF - Identifica la "mentira de supervivencia" ¿Qué te has dicho a ti mismo?	
Identifique la "mentira proyectada" que te han dicho otros.	
¿Quién más te ha hecho sentir así? ¿Cuándo?	
¿Qué podrías haber hecho diferente?	
Creencia verdadera — Realidad + Escritura = Verdad	

EJERCICIO DE CAMINO A LA HERIDA

INSTRUCCIONES: cualquier situación en la que reacciones de forma exagerada o insuficiente probablemente implique el dolor de una vieja herida. Estas heridas están protegidas por las creencias falsas que has desarrollado. Las llamamos el "Camino a la herida". Completa la ficha en blanco "Camino a la herida" y tu consejero te ayudará a procesarla.

Evento que causó tu reacción— ¿Qué pasó?, ¿Qué lo desencadenó?	
Reacción emocional insuficiente/ excesiva: ¿Cómo sentiste (nombre el sentimiento)? ¿Qué tan fuerte fue la emoción siendo 10 lo más fuerte?	
Reacción física— ¿Qué hiciste?	
Tus sentimientos/acciones están justificados porque crees...	
SCF - Identifica la "mentira de supervivencia" ¿Qué te has dicho a ti mismo?	
Identifique la "mentira proyectada" que te han dicho otros.	
¿Quién más te ha hecho sentir así? ¿Cuándo?	
¿Qué podrías haber hecho diferente?	
Creencia verdadera — Realidad + Escritura = Verdad	

EJERCICIO DE CAMINO A LA HERIDA

INSTRUCCIONES: cualquier situación en la que reacciones de forma exagerada o insuficiente probablemente implique el dolor de una vieja herida. Estas heridas están protegidas por las creencias falsas que has desarrollado. Las llamamos el "Camino a la herida". Completa la ficha en blanco "Camino a la herida" y tu consejero te ayudará a procesarla.

Evento que causó tu reacción— ¿Qué pasó?, ¿Qué lo desencadenó?	
Reacción emocional insuficiente/ excesiva: ¿Cómo sentiste (nombre el sentimiento)? ¿Qué tan fuerte fue la emoción siendo 10 lo más fuerte?	
Reacción física— ¿Qué hiciste?	
Tus sentimientos/acciones están justificados porque crees...	
SCF - Identifica la "mentira de supervivencia" ¿Qué te has dicho a ti mismo?	
Identifique la "mentira proyectada" que te han dicho otros.	
¿Quién más te ha hecho sentir así? ¿Cuándo?	
¿Qué podrías haber hecho diferente?	
Creencia verdadera — Realidad + Escritura = Verdad	

EJERCICIO DE CAMINO A LA HERIDA

INSTRUCCIONES: cualquier situación en la que reacciones de forma exagerada o insuficiente probablemente implique el dolor de una vieja herida. Estas heridas están protegidas por las creencias falsas que has desarrollado. Las llamamos el "Camino a la herida". Completa la ficha en blanco "Camino a la herida" y tu consejero te ayudará a procesarla.

Evento que causó tu reacción— ¿Qué pasó?, ¿Qué lo desencadenó?	
Reacción emocional insuficiente/ excesiva: ¿Cómo sentiste (nombre el sentimiento)? ¿Qué tan fuerte fue la emoción siendo 10 lo más fuerte?	
Reacción física— ¿Qué hiciste?	
Tus sentimientos/acciones están justificados porque crees...	
SCF - Identifica la "mentira de supervivencia" ¿Qué te has dicho a ti mismo?	
Identifique la "mentira proyectada" que te han dicho otros.	
¿Quién más te ha hecho sentir así? ¿Cuándo?	
¿Qué podrías haber hecho diferente?	
Creencia verdadera — Realidad + Escritura = Verdad	

CIERRE DEL PROCESO

¿Qué nuevos conocimientos aprendiste durante este proceso? _____

_____

_____

_____

_____

_____

¿En qué necesitas trabajar? _____

_____

_____

_____

_____

Pídele a tu consejero que ore contigo acerca de: _____

_____

_____

_____

_____

TAREA: APLICACIÓN A LA VIDA

Revisa tus Hojas de Trabajo de Creencias Falsas y las Hojas de Trabajo de Camino a la Herida con tu Compañero de Génesis antes de reunirse con tu consejero, y continúa usándolas para descubrir otras creencias falsas.

VERSÍCULO DE MEMORIA PARA LA PRÓXIMA SESIÓN:

*"Y habló Dios todas estas palabras:
'Yo soy el Señor tu Dios, que te
saqué de Egipto, de la tierra de la
servidumbre. No tendrás dioses
ajenos delante de mí."*
—*Éxodo 20:1-3 (NVI)*

Versículo de Memoria

Notas

PROCESO TRES:
IDENTIDAD

META DEL PROCESO: Comenzarás a identificar y separarte de las cosas insalubres en las que has puesto tu fe y que has usado para enfrentar la vida. Con lo que descubres, aprenderás cómo estas cosas han socavado el éxito de tus intentos.

APEGOS NOCIVOS

DIALOGANDO CON DIOS

APEGOS NOCIVOS
Identificarás las cosas que deseas, resientes o temes, y cómo te afectan a ti y a tus relaciones.

DIALOGANDO CON DIOS
Harás una lista de las cosas (dioses falsos o ídolos) a las que estás dispuesto a renunciar y el doble dilema que tendrás cuando renuncies a estas cosas y confíes en Dios.

Notas

IDENTIDAD LA DINÁMICA DE UNA VIDA

Como ser humano, eres único porque fuiste creado en la imagen de Dios. Esto es tanto una bendición como una responsabilidad. La bendición es que fuiste creado para tener una comunión íntima con Dios. Él te dio la habilidad de elegir el bien del mal. En el Jardín del Edén, Adán y Eva se rebelaron y eligieron seguir su propio camino. Dios es santo y por lo tanto, la rebelión te separa de Él y te deja con la incapacidad de comunicarte con Dios. Dios te creó únicamente para la intimidad, con los demás y con Él. No es posible tener una relación íntima sin una comunicación bidireccional.

El tema central de toda la Biblia es el esfuerzo de Dios por comunicar íntimamente con nosotros y para guiar nuestras vidas porque Él nos ama.

"¿Cómo se comunica Dios contigo? _____"
"¿Qué es lo último que te dijo? _____"

El Antiguo Testamento señala la futilidad de los propios esfuerzos del hombre por vivir sin Dios. El Nuevo Testamento dice que Dios te ama y creó un camino para que seas restaurado a la intimidad con Dios a través del sacrificio de Jesús. Tus propios esfuerzos por liberarte de la culpa y obedecer Sus leyes siempre terminan siendo inútiles. La realidad es que Dios pagó el precio de la rebelión con la muerte de Jesús en la cruz para que pudieras tener de nuevo con Él la comunión íntima y comunicación que restaura el rumbo de tu vida.

≡ **PENSAMIENTO**
clave

> La culpa puede sabotear el éxito de tu recuperación. La cura para la culpa es el perdón. El perdón es un regalo de Dios.

Consciente o inconscientemente, la culpa merece castigo y puede sabotear el éxito. Cuando empiezas a tener éxito, es posible que no te dejas recibirlo porque crees que no lo mereces. Es difícil perdonarnos a nosotros mismos. El perdón es un regalo de Dios representado por la cruz de Cristo.

¿Tienes antecedentes de auto sabotaje justo cuando todo empieza a ir bien? Si es así, habla con tu consejero sobre este patrón y qué podría estar causándolo.

"Le pido que, por medio del Espíritu y con el poder que procede de sus gloriosos riquezas, os fortalezca en lo íntimo de vuestro ser, para que por fe Cristo habite vuestros corazones. Y pido que, arraigados y cimentados en amor, podáis comprender, junto con todos los santos, cuán ancho y largo, alto y profundo es el amor de Cristo; en fin, que conozcáis ese amor que sobrepasa nuestro conocimiento, para que seáis llenos de la plenitude de Dios. Al que puede hacer muchísimo más que todo lo que podamos Imaginarnos o pedir, por el poder que obra eficazmente en nosotros,"
—Efesios 3:1620 (NVIC)

"Ten compasióm de mí, oh Dios, conforme a conforme a tu tu gran amor; inmensa bondad, borra mis transgresiones. Crea en mi, oh Dios, un corazon limpio, y renueva la firmeza de mí Espíritu."
—Salmos 51:1, 10 (NVIC)

EL PROBLEMA DEL CONTROL

Si estás haciendo este libro, has demostrado que cuando tienes el control de tu vida, acabas en patrones destructivos contigo mismo y con los demás. La clave de tu recuperación es entender cómo te afecta esta declaración:

Si tienes el control de tu vida, termina mal.
Por lo tanto, tienes que ceder el control.

¿A quién o qué le vas a dar el control? Esa es la pregunta. Antes de que tu espíritu esté vivo y dirigido por Dios, es fácil dar control a las cosas que crees que te harán alguien y resolverán tus problemas. La fama, el dinero, las relaciones o los símbolos de estatus como los coches veloces o las casas grandes han fracasado. Estos no pueden convertirte en el tipo de persona que siempre quisiste ser, ni pueden liberarte de tus adicciones. Recuerda esta premisa básica: "Lo que haces sale de lo que eres." Las cosas materiales a las que entregas tu vida pueden cambiar tu imagen por fuera, pero ¿cómo cambias por dentro?

Cuando el Espíritu del Dios viviente se reúna con tu espíritu, Dios comenzará a cambiar tu vida. Dios te ama, se preocupa por ti y tiene un plan para tu vida, lo cual Su Espíritu te ayudará a cumplir si le das el control. Jesús vino para que Dios pudiera guiar íntimamente tu vida nuevamente. La Biblia llama "ídolos" a las cosas falsas a que has apegado. El Proceso Tres identifica esos ídolos falsos y cómo han controlado tu vida, llevándote por un camino de destrucción y adicción.

¿PARA QUIÉN/PARA QUÉ VIVES?

"Dios le dijo al pueblo de Israel: 'Yo soy el Señor tu Dios que te sacó de Egipto donde eras esclavo. No tendrás otros Dioses además de mí."
—Éxodo 20:13 (NBV)

La recuperación es un proceso de reemplazar esos ídolos con el Dios Verdadero. Él puede habilitarte para convertirte en el tipo de persona que Él te creó para ser. En este Proceso, confesarás y nombrarás las cosas que han reemplazado a Dios en tu vida. Estos apegos son poderosos porque probablemente son subconscientes. No puedes orar o pedir ayuda para cosas que no puedes identificar. Al trabajar con tu consejero para identificar las cosas conscientes y subconscientes en las que has puesto tu identidad, se romperá mucho de su poder. Cualquier cosa que uses para enfrentar la vida puede convertirse en un ídolo.

≡ **PENSAMIENTO** *clave*

> Lo que haces sale de lo que eres.
> Cuando te apegas a las cosas que deseas permites que te controlen.

La buena noticia es que donde has cedido poder, puedes recuperarlo. La mala noticia es que estos apegos pueden convertirse en tu relación principal en la vida. En otras palabras, eliges a personas, lugares y cosas que no interferirán, sino apoyar, tu comportamiento adictivo.

PREGUNTAS: REVISIÓN DE IDENTIDAD

¿Qué tiene que ver el "control" con la recuperación? _____

_____

¿Qué es un ídolo? _____

_____

FICHA DE APEGOS NOCIVOS

INSTRUCCIONES: Rellena las fichas de "Apegos Nocivos" que se encuentran a continuación y prepárate para compartir con tu consejero las cosas que has deseado, resentido o temido; y cómo estos apegos te han afectado a ti y a tus relaciones. Algunos apegos pueden haber reemplazado a Dios en tu vida, convirtiéndose así en dioses falsos o ídolos. Aquello en lo que pones tu fe se convertirá en tu dios.

INSTRUCCIONES: DESEOS: Cualquier cosa que usas para lidiar, escapar, consolar, controlar, satisfacer sus necesidades o en lo que pones tu identidad. Escribe las cosas que deseas y cómo te han controlado a ti y a tus relaciones.

DESEOS:	CÓMO ME CONTROLA:	CÓMO AFECTA MIS RELACIONES:
Ejemplo: *Dinero*	*Todo lo consumía, era todo en lo que pensaba.*	*Deshonestidad, robaba, estafaba, mentia.*
Dinero		
Imagen corporal		
Deportes		
Coches		
Drogas y Alcohol		

DESEOS:	CÓMO ME CONTROLA:	CÓMO AFECTA MIS RELACIONES:
Conocimiento e intelecto		
Ropa		
Relaciones		
Sexo		
Trabajo / Estudios		
Estado / Estatus		
Logros		
Comida		
Fama		
Siendo Necesario		
Atención		

DESEOS:	CÓMO ME CONTROLA:	CÓMO AFECTA MIS RELACIONES:
Otro		
Otro		
Otro		

INSTRUCCIONES: RESENTIMIENTO Cosas o personas que resientes o con las que sientes ira. Escribe los nombres de las personas con las que estás resentido y cómo te afecta a ti y a tus relaciones. Ejemplos: padres, hermanos, maestros, amigos, otras razas, otro género, gobierno, policía, escuela o injusticias de cualquier tipo.

RESENTIMIENTOS:	LO QUE HICIERON Y CÓMO ME AFECTARON:	CÓMO AFECTA MIS RELACIONES:
Ejemplo: *Esposa*	*Mi esposa me dejo por otro hombre. Estoy enfadado, me obsesiono con ello. No confío en las mujeres.*	*Soy sarcástico con las mujeres. Me aíslo, no entro en relaciones significativas.*
Resentimiento hacia _____		
Resentimiento hacia _____		
Resentimiento hacia _____		
Resentimiento hacia _____		
Resentimiento hacia _____		

INSTRUCCIONES: Escribe los nombres de las personas con las que estás resentido y cómo te afecta a ti y a tus relaciones.

RESENTIMIENTOS:	LO QUE HICIERON Y CÓMO ME AFECTARON:	CÓMO AFECTA MIS RELACIONES:
Resentimiento hacia _____		
Resentimiento hacia _____		
Resentimiento hacia _____		

INSTRUCCIONES: TEMORES Cosas que evitas. Escribe cómo evitas sentirte o te proteges de las cosas escritas a continuación.

TEMOR DE:	CÓMO ME AFECTA (hacerme actuar y sentir):	CÓMO AFECTA MIS RELACIONES:
Ejemplo: *Rechazo*	*Me da miedo y evito ser vulnerable en mis relaciones.*	*Estoy a la defensiva con los demás y los rechazo antes de que puedan rechazarme.*
Rechazo		
Soledad		
Abandono		
Dolor		
Crítica		

INSTRUCCIONES: Escribe cómo evitas sentirte o cómo te proteges de las cosas escritas a continuación.

TEMOR DE:	CÓMO ME AFECTA (hacerme actuar y sentir):	CÓMO AFECTA MIS RELACIONES:
Pobreza		
Abuso		
Intimidad		
Dios		
Exito / fracaso		
Otro		
Otro		

DIALOGANDO CON DIOS

Ahora que has identificado algunas de las cosas a las que has apegado y has dado poder, estás listo para completar la ficha 'Dialogando con Dios'. Esta hoja de trabajo te ayudará a comenzar a desapegarte de tus falsos dioses o ídolos. Cada uno de estos dioses falsos o ídolos te ponen automáticamente en un doble dilema. Para obtener información sobre los doble 'Dialogando con Dios': dilema, consulta la página 160 en el Proceso Ocho. En la siguiente página, debes hacer tres cosas en la ficha 'Dialogando con Dios':

1. **Haz una lista de los apegos a los que estás dispuesto a renunciar.**
2. **Identifica el doble dilema que experimentarás al abandonar cada apego.**
3. **Separarte de dioses falsos o ídolos mientras aprendes a confiar en Dios.**

DIALOGANDO CON DIOS

INSTRUCCIONES: Mira tu "Ficha de Apegos Nocivos" y enumere en la primera columna todos los dioses/ídolos falsos de los que estás dispuesto a separarte. En la segunda columna, escribe cuáles son tus dobles dilemas cuando abandonas los apegos y confías en Dios. (Consulte el Proceso Ocho para obtener una explicación de los dobles dilemas). En la columna tres, buscar las Escrituras, piensa en lo que la Palabra de Dios te diría acerca de confiar en Él en esta área de tu vida y escribe la promesa de las Escrituras.

SEPARAR DE	DOBLE DILEMA	PROMESAS DE LAS ESCRITURAS
Ejemplo: *Alcohol*	*SI ME SEPARO:* *Miedo en situaciones sociales.* *Dolor pérdida de viejos amigos.* *Ansiedad acerca de cómo me portaré sin él.* *SI NO ME SEPARO: Perderé mi salud, mi familia y acabaré solo.*	CONFIAR EN LAS ESCRITURAS *"Confía en el Señor y haz el bien; establécete en la tierra y mantente fiel. Deléitate en el Señor, y Él te concederá los deseos de tu corazón. Encomienda al Señor tu camino, confía en Él, y Él actuará".* —*Salmo 37:35 (NVIC)*

CIERRE DEL PROCESO

Contesta a las preguntas para compartir con tu consejero:

¿Qué nuevos conocimientos aprendiste durante este proceso? _____

_____

_____

_____

¿En qué necesitas trabajar? _____

_____

_____

_____

¿Cómo ha afectado la culpa a tu éxito en el pasado y cuál es la solución bíblica? _____

_____

_____

_____

Pídele a tu consejero que ore contigo acerca de: _____

_____

_____

_____

TAREA: APLICACIÓN A LA VIDA:

Reúnete con tu consejero espiritual y hablad sobre las hojas de trabajo en este proceso. Habla de cómo confiar en Dios en lugar de apegos nocivos.

VERSÍCULO DE MEMORIA PARA LA PRÓXIMA SESIÓN:

"Por último, hermanos, considerad bien todo lo verdadero, todo lo respetable, todo lo justo, todo lo puro, todo lo amable, todo lo digo de admiración, en fin, todo lo que sea excelente o merezca elogio."   —*Filipenses 4:8 (NVIC)*

"Todo lo puedo en Cristo que me fortalece".
— Filipenses 4:13 (NVIC)

Versículo de Memoria

Notas

PROCESO CUATRO:
APTITUDES VITALES

META DEL PROCESO: Este proceso te permitirá tener una mayor comprensión del cerebro adictivo y aprender aptitudes de gestión de vida para enfrentar las emociones que contribuyen a la recaída.

LA ESCALA "PATEAR"

ESCALA DE NIVELES DE ESTRÉS

ESCALA "EXITO"

REGISTRO DE ENOJO

FICHA: RESOLUCIÓN DE CONFLICTOS

APTITUD VITAL 1: HERRAMIENTA PARA RECONOCER SEÑALES DE RECAÍDA: ESCALA "PATEAR"

Aprenderás el modelo neuroquímico de la recaída.

APTITUD VITAL 2: HERRAMIENTA DE REDUCCIÓN DE ESTRÉS: NIVELES DE ESTRÉS

Aprenderás sobre los niveles de estrés y cómo manejarlos.

APTITUD VITAL 3: HERRAMIENTA DE PENSAR EN LA REALIDAD: FICHA DE LA ESCALA "EXITO"

Aprenderás cómo pensar en la realidad desafía tu ansiedad y tu "diálogo interno" negativo.

APTITUD VITAL 4: HERRAMIENTA PARA PROCESAR LA IRA: REGISTRO DE ENOJO

Este registro te ayuda a aprender a contrarrestar tus sentimientos de enojo para que puedas manejarlos adecuadamente según la aplicación de aptitudes de resolución de problemas.

APTITUD VITAL 4: HERRAMIENTA DE RESOLUCIÓN DE CONFLICTOS

Aprenderás modelos de resolución de conflictos tanto orales como escritos y las hojas de trabajo acompañantes.

EL CEREBRO Y LAS ADICCIONES

En terminos muy simples, nuestro cerebro tiene dos partes. La primera parte es la neocorteza. Está ubicado en la parte frontal de la cabeza y *recibe y almacena información para tomar decisiones y recordar.* La otra parte se llama el *sistema límbico, que controla todos los sistemas automáticos del cuerpo y las emociones. Lo más importante es que el sistema límbico controla las reacciones de supervivencia, es decir, "luchar o huir".* Cuando te sientes amenazado, estas reacciones protectoras te dicen que te defiendas o que huyas. El sistema límbico no tiene memoria como la neocorteza. No reconoce la diferencia entre ayer y hace treinta años, lo cual explica por qué algunos de nuestros traumas infantiles todavía nos detonan con tanta fuerza hoy. Es el sistema límbico que resulta lo más afectado por nuestras creencias, comportamientos y adicciones. El sistema límbico puede programarse negativamente a través de experiencias traumáticas, como crecer en una familia disfuncional.

Las drogas, el alcohol y otros comportamientos compulsivos han programado el sistema límbico para evitar la conciencia de pensamientos y sentimientos incómodos, en lugar de generar respuestas saludables para resolver el miedo. Lea sobre las funciones del sistema límbico a continuación para aprender cómo tu cerebro afecta tu capacidad de cambiar. El cuadro a continuación muestra cómo el sistema límbico etiqueta o colorea los eventos actuales de acuerdo con los recuerdos profundos de traumas pasados.

FUNCIONES DE LOS SISTEMAS LÍMBICOS

EL CEREBRO NORMAL	EL CEREBRO TRAUMATIZADO, ESTRESADO O ADICTO
Establece respuestas emocionales	Sobrereactivo/subreactivo Cambios de humor extremos Aumenta el estrés
Controla las respuestas de supervivencia ante un peligro real o imaginario con huida, lucha o congelarse.	Hipervigilante, buscando formas de evitar el miedo.
Las tres áreas de supervivencia a las que responde el sistema límbico son la alimentación, el sexo y la seguridad.	Fácilmente adicto a cualquier cosa que reduzcam el estrés, el miedo, la ansiedad, o el dolor. Problemas en las 3 áreas
Almacena recuerdos muy cargados de emociones	Fácilmente detonado por eventos similares a heridas, traumas, miedos, placeres pasados.
Puede sobreponerse o incluso apagar la mente consciente	Anula la moral, los valores, y buenas intenciones con conductas o reacciones compulsivas de supervivencia
Controla el apetito, el impulso sexual, el sueño, el estado de ánimo, las perspectivas positivas y negativas, la motivación	Ansiedad, depresión, aislamiento. Problemas con la comida, las relaciones, los estados de ánimo, las adicciones.
Promueve la conexión Más grande en mujeres que en hombres	Problemas con temor a la confianza, relaciones, sexo, aislamiento, depresión, intimidad, codependencia

* Adaptado del libro de Daniel Amen
"Cambia tu cerebro, cambia tu vida." Times Books, 1998.

COMPONENTES PRINCIPALES DE LOS SISTEMAS LÍMBICOS

A. Corteza frontal (mente consciente, negación, razonamiento, moral, valores)
B. Producción del Habla
C. Comprensión del Habla
D. Lobulo
E. Leer y Pensar
F. Lóbulo Occipital
G. Sistema Límbico (el corazón del cerebro) (supervivencia, placer/recompensa, luchar, huir, o congelarse)

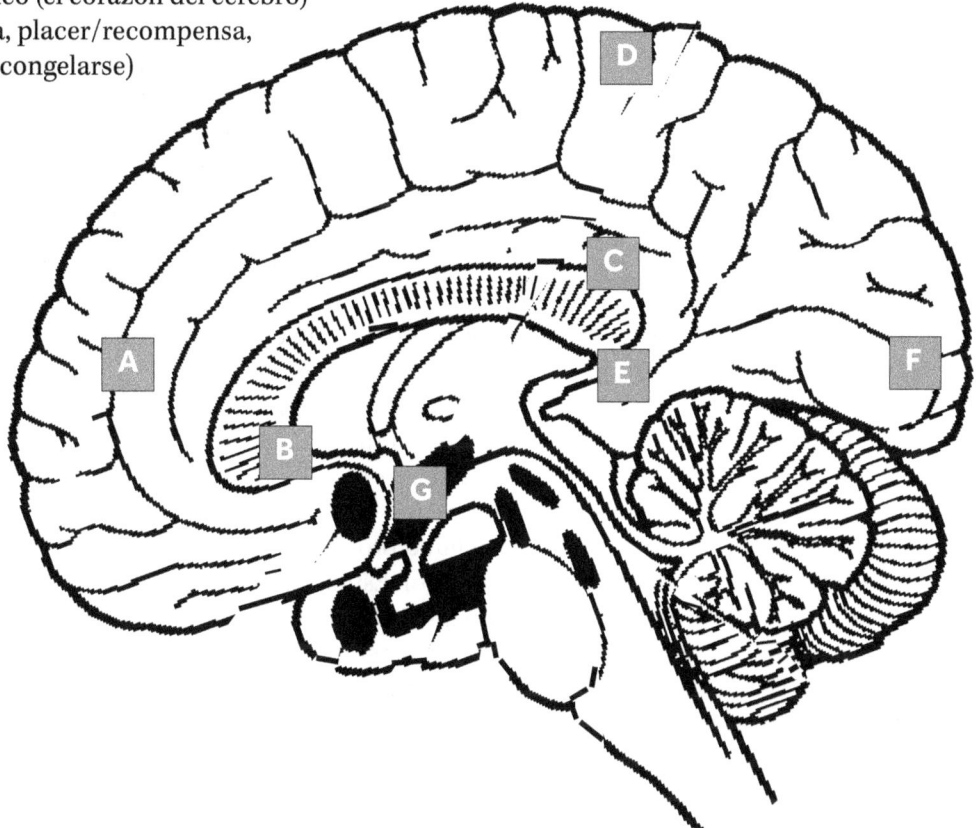

EL CEREBRO ADICTIVO / CEREBRO DEFICIENTE DE RECOMPENSA

Los eventos llegan a través de nuestros sentidos y se alimentan a varias partes del cerebro. El Sistema límbico colorea o etiqueta estos eventos con grados de respuesta como seguros o peligrosos. Si se etiqueta como "peligroso" debido a un trauma pasado, ya sea real o imaginario, reacciona generando ansiedad o depresión. Si el evento se etiqueta como relacionado con la supervivencia, el sistema límbico puede crear un anhelo concentrado por un comportamiento que se ha asociado con la supervivencia en el pasado. El anhelo enfoca nuestra atención en ese comportamiento hasta que nos sentimos seguros o normales nuevamente, y así es como se crea una adicción. La adicción no se trata de sentirse drogado, sino intentar de sentirse normal (libre de estrés). La mente consciente, o corteza, aprende a cooperar con el comportamiento de supervivencia (adicción) y lo protege de ser desafiado por un proceso de filtrado llamado negación. El resultado es el cerebro adictivo. Cuando está en un estado de miedo, el sistema límbico puede actuar independientemente de tu mente consciente. Esto explica por qué hacemos cosas que no queremos hacer.

Tu sistema límbico puede haber aprendido que tener necesidades en una familia disfuncional resultó en vulnerabilidad, dolor, abandono y aislamiento. Para sobrevivir día tras día en una atmósfera disfuncional/amenazante, tenías que encontrar un sistema de pensamiento que te ayudara a sobrevivir. Una forma en que pudo haber hecho esto sería pensar: "No necesito a nadie. Si no necesito a nadie, no soy vulnerable. Si no soy vulnerable, no me lastimo". (Por supuesto, esta es una mentira de supervivencia). Los sentimientos de temor y pánico te indicaron que huyeras de un posible daño.

≡ **PENSAMIENTO**
clave

> **El sistema límbico responde automáticamente con una reacción de "huir, luchar o congelarse" a los temores percibidos de vulnerabilidad.**

Tu proceso límbico responde automáticamente y de manera subconsciente. Incluso después de que la situación dolorosa o traumática haya terminado, el subconsciente aún cree que "si tengo necesidades y confío en otras personas, me lastimaré y no sobreviviré". Cuando surgen problemas de confianza en el presente, el sistema límbico puede reaccionar como fue programado durante la infancia, respondiendo con ansiedad, reaccionando exageradamente al temor percibido a la vulnerabilidad. Este temor se puede expresar en forma de ira, desconfianza y autosatisfacción, lo que puede crear una personalidad protectora. Tu personalidad protectora te hace sentir que tienes el control. Esta falsa sensación de control a menudo se logra a través de la autogratificación o comportamientos compulsivos/adictivos. Para una mayor comprensión, consulte el diagrama y la explicación del Ciclo de Desconfianza en el Proceso Cinco. Para cambiar, debes reprogramar tu sistema límbico y desafiar tus creencias falsas. Puede que te des cuenta de que has estado saboteando las relaciones al creer que no necesitabas a nadie. La verdad es que necesitas confiar en Dios y en los demás. **No puedes hacer la vida o la recuperación solo.**

DEMORA LÍMBICA

Aunque hayas descubierto creencias falsas, destapado mentiras y conocido una nueva verdad, hay un lapso de tiempo entre lo que cree tu sistema límbico y lo que ha aprendido tu neo córtex. Esto se llama demora límbica, un proceso que puede durar desde un par de meses hasta años, pero se acortará a medida que continúes desafiando las creencias falsas (recuerdos traumáticos) y te arriesgues a moverte hacia tus temores. Puede que tengas miedo y ataques de pánico, pero una vez que los experimentas sin comportarte como antes, tu sistema límbico dirá: "Pues pasamos por eso y de hecho sobrevivimos". La próxima vez que experimentes el temor, será menor y serás capaz de tomar una decisión consciente en lugar de reaccionar exageradamente con una respuesta de "luchar, huir o congelarse".

La historia a continuación ilustra que puede tomar tiempo para que los nuevos comportamientos reemplacen los hábitos o las viejas formas de pensar y sentir. Aquí hay un ejemplo de cómo funciona el retraso límbico:

Mientras servía como misionero, Mike fue asignado a Londres, Inglaterra, y se le dio un automóvil inglés para que lo condujera. Aunque sabía que la gente allí circulaba por el lado izquierdo de la carretera y su mente le decía que él también debía hacerlo, sus emociones (ansiedad) le decían que tendría una colisión frontal en cualquier momento. Cada vez que conducía, tenía que obedecer continuamente lo que sabía que era correcto, aunque sus emociones le decían que estaba en gran peligro. Hasta que se acostumbró, sentía ansioso cada vez que se subía a un automóvil. Le costó mucha concentración obedecer su mente cuando sus emociones le decían que estaba a punto de ser gravemente herido. Incluso después de estar en Inglaterra durante un año, cuando Mike estaba muy cansado, se subía al lado izquierdo del automóvil para conducir y se daba cuenta de que allí no había volante.

≡ **PENSAMIENTO**
clave

Los viejos hábitos automáticos no se cambian rápidamente ni fácilmente, y son más fuertes cuando estamos agotados.

Los viejos hábitos automáticos no se cambian rápidamente o fácilmente, y son más fuertes cuando estás cansado o agotado. Muchos adictos en recuperación y supervivientes de traumas han programado la parte de supervivencia de sus cerebros con miles y miles de instancias de evitar pensamientos o emociones no deseados, elegir no "luchar" con sus problemas, sino "huir" hacia su adicción. Algunos han aprendido a "congelarse" al adormecerse o no sentir nada. Con el tiempo, este patrón de "vuelo" se convirtió en una reacción automática. A medida que aumentan la ansiedad y el miedo, el sistema límbico se centrará en el comportamiento adictivo utilizado en el pasado para hacer que el miedo disminuya. Esto se llama una ansia. Con una nueva identidad basada en nuevas creencias, puedes cambiar ese patrón de vuelo y reprogramar tu sistema límbico. Las adicciones en realidad no hacen que el miedo desaparezca, solo anestesian la conciencia del mismo. La recompensa sin trabajo es neuroquímicamente destructiva.

Lea Romanos 7 a la derecha y aprenda sobre lo que explica el apóstol Pablo de la batalla que se desarrolla entre estos dos cerebros y el proceso de cambio.

El cambio ocurre una decisión a la vez. Escucha a lo que tu mente sabe y haz lo que sea mejor o correcto, a pesar de lo que tus emociones te digan sentiría bien si lo hicieras (drogas, alcohol, sexo, comida). Si continúas haciendo lo correcto, empezarás a romper el patrón de "vuelo" y reducir el tiempo de la demora límbica.

"Así que he aprendido esta regla: aunque quiero hacer el bien, el mal está ahí conmigo. En mi interior yo estoy de acuerdo con la ley de Dios. Pero veo que aunque mi mente la acepta, en mi cuerpo hay otra ley que lucha contra la ley de Dios. Esa otra ley que es la ley que impone el pecado. Esa ley vive en mi cuerpo y me hace prisionero del pecado."
—*Romanos 7:2123 (PDT)*

RESÚMEN DEL CEREBRO ADICTIVO

La parte límbica (adictiva) del cerebro básicamente controla estas áreas; emoción, aprendizaje experiencial y memoria, soñar, atención, placer, recompensa y excitación. También controla la forma en que percibimos el comportamiento emocional, motivacional, sexual y social, inclusive la formación de vínculos amorosos. El sistema límbico no solo controla la capacidad de experimentar el amor y el dolor, sino que gobierna y monitorea nuestras necesidades básicas. Esto incluye el hambre y la sed, los antojos de experiencias placenteras como las drogas, la comida, el sexo y otras necesidades reales o imaginarias. Cualquier cosa que tenga que ver con la supervivencia (nuestra capacidad de lidiar) puede convertirse en una adicción.

Las tres áreas principales que controla la parte de supervivencia de nuestro cerebro (el sistema límbico) y a las que se puede volver adicto creando antojos son; comida, sexo y seguridad.

¿Con cuál de estas áreas luchas? _____

En nuestros años formativos, el abuso, la negligencia, los accidentes, la pobreza o cualquier condición de estrés o temor crónico e inescapable pueden causar problemas y reacciones límbicas. Las tres respuestas límbicas a la supervivencia real o imaginaria (miedo) son: lucha (agresión), huida (escapar) y congelarse (quedarse adormecido).

¿Con cuál sueles responder? _____

El Sistema Límbico es parte de lo que la Biblia llama el corazón. Si quieres cambiar conductas y emociones destructivas debes cambiar tu Corazón.

El Sistema Límbico (el corazón) llega a ser programado negativamente a través de experiencias dolorosas con personas en las que confiamos, sobre todo en nuestros años formativos. No poder confiar ni formar relaciones con los demás conduce al miedo, la ansiedad, la soledad, el aislamiento y la autogratificación. Dado que el corazón está programado negativamente a través de experiencias dolorosas con los demás, debe curarse a través de experiencias opuestas. Cuando no podemos conseguir que los demás satisfagan nuestras necesidades, tenemos que aprender a gratificarnos a nosotros mismos. La adicción es autogratificación. Por esa razón la recuperación que cura lo que impulsa los comportamientos autodestructivos es un proceso de aprender a confiar nuevamente. El proceso de confianza que sana nuestro corazón suele comenzar con Dios y luego con las personas.

≡ **PENSAMIENTO**
clave

> La recompensa sin trabajo es neuroquímicamente destructiva. Cuando resolvemos problemas con productos químicos no aprendemos nada.

Nuestro cerebro puede condicionarse para estar hipervigilante (súper enfocado) en cualquier cosa que pueda crear una sensación real o imaginaria de bienestar o seguridad (libertad del estrés y el miedo). En realidad los adictos no usan substancias crónicamente para drogarse, sino para sentirse normales. La adición se trata de sentirse normal y ser capaz de sobrellevar la situación. Cuando esta parte de supervivencia del cerebro se daña, la capacidad de concentrarse, manejar el estrés y experimentar la recompensa y el placer disminuye. Las personas con problemas límbicos corren un alto riesgo de volverse adictas a cualquier cosa que pueda ayudarlas a funcionar, sentirse seguras, normales o con una sensación de placer. Entonces, cualquier cosa que nos haga sentir seguros y reduzca el estrés, aumenta los neuroquímicos de afrontamiento en el sistema límbico, lo que hace que el cerebro lo asocie con la supervivencia o con sentirse normal. El sistema límbico puede relacionar las emociones dolorosas o temerosas con la muerte (la capacidad de sobrellevar y sobrevivir) y crear una atención enfocada (antojo) por lo que hicimos en el pasado para sentirnos bien nuevamente. Los antojos pueden volverse difíciles o imposibles de rechazar. Todo este proceso es principalmente subconsciente y por eso no podemos controlar los comportamientos adictivos. Cuanto más se repite el comportamiento de supervivencia, más arraigado se vuelve, lo que resulta en una pérdida de control y, por lo tanto, en una adicción. Es por eso que hacemos exactamente lo que no queremos hacer. Lea Romanos 7.

El Sistema Límbico tiene un sistema de memoria que registra experiencias que tienen que ver con placer / recompensa y miedo / dolor. Establece sistemas de pensamientos, emociones y reacciones para evitar lo que alguna vez causó miedo y dolor en el pasado. También establece sistemas para repetir lo que alguna vez redujo el miedo y el dolor y produjo una sensación de placer. El miedo y el dolor- evítalos; placer y recompensa hazlo otra

SEIS FASES DE LA MOTIVACIÓN AL CAMBIO

La recuperación o la sobriedad no es un evento. Es un proceso Los adictos tienen un tiempo horrible con el cambio. El cambio requiere motivación. Este proceso evoluciona a través de seis fases de motivación al cambio. ¿Cuál es tu motivación para el cambio y la recuperación?

≡ **PENSAMIENTO**
clave

> La motivación para cambiar / recuperar surge cuando el dolor de la conducta adictiva se vuelve. Esto se conoce como "tocar fondo".

Pregunta. ¿Cuál fue tu fondo? _____

_____

Entrevistas Motivadores de Morgan y Rollnick deja claro que el cambio no es solo una decisión, sino que hay seis etapas por las que pasan las personas en el curso del cambio. Lee las etapas a continuación y piensa en tu motivación para la recuperación.

1. Precontemplación	estár estancado; no sentir la necesidad de hacer un cambio.
2. Contemplación	estár ambivalente sobre el cambio; aun estas descubriendo razones para cambiar.
3. Preparación	estár motivado para cambiar; buscando formas de hacerlo y pedir ayuda.
4. Acción	tomar pasos para cambiar; establecer metas.
5. Mantenimiento	es sostener el cambio; prevenir recaídas, sentir serenidad.
6. Recaída	es probar el nuevo cambio; empezar de nuevo sin atascarse; continuar con la contemplación; renovar la determinación y retomar el mantenimiento.

Pregunta: ¿Dónde estás en el Proceso de cambio? _____

_____

_____

_____

LA LEY DEL DOLOR

"Aunque ande en valle de sombra de muerte, no temeré mal alguno; porque tú estarás conmigo".
—*Salmo 23:4 (SEV)*

"Pero los que esperan al Señor tendrán nuevas Fuerzas; levantarán las alas, como las águilas, correrán, y no se cansarán, caminarán y no se fatigarán".
—*Isaías 40: 31 (SEV)*

Las adicciones son anestésicos. Hacen una cosa: anestesian temporalmente la conciencia del dolor. Es razonable suponer que cuando dejes al anestésico, sentirás el dolor, la malestar y la inquietud. Saber qué hacer cuando esto ocurre es una habilidad crítica en la prevención de recaídas. La prevención de recaídas es encontrar nuevas formas adecuadas de responder a situaciones dolorosas. Es posible que hayas utilizado una variedad de respuestas emocionales (ira, ansiedad, depresión) con el propósito de sobrellevar el dolor emocional.

Para aprender las respuestas adecuadas al dolor, debes permitirte sentir. Esto da mucho miedo, sobre todo porque niegas el miedo. El miedo se evita a través de la ira, la ansiedad, la depresión, las relaciones y el abuso de sustancias. Los recuerdos dolorosos pueden sentirse como eventos reales, pero son solo la sombra del trauma original.

Como David, puedes enfrentar a los temores o recuerdos dolorosos porque Dios está contigo. Pídele a Dios que te ayude a enfrentar tus miedos y sentimientos, y que te ayude a cambiar tus comportamientos destructivos de enfrentamiento. Recuerda el proceso de cambio. El cambio viene de tomar riesgos; el riesgo viene de la fe. Lea las dos escrituras en la columna a la izquierda.

≡ **PENSAMIENTO** *clave*

> Todo comportamiento compulsivo/ destructivo viene de una respuesta inadecuada al dolor.

Pregunta. ¿Cuál crees que es el dolor principal que tu comportamiento adictivo está anestesiando? _____

_____

_____

LA IRA COMO RESPUESTA AL DOLOR

"El necio da rienda suelta a su ira, pero el sabio sabe dominarla. El hombre iracundo provoca peleas; el hombre violento multiplica sus crimenes."
—*Proverbios 29: 11, 22 (NVIC)*

La ira es una de las respuestas más comunes al dolor. Este tipo de respuesta se vuelve "normal" en familias disfuncionales donde nadie puede admitir problemas o temores. La ira te ayuda a sobrellevar el dolor al liberar adrenalina y endorfinas, desviando así tu atención del dolor. Una respuesta de enojo produce un neuroquímico similar a tomar cocaína. ¿Cómo te hace sentir la ira? **Encierra en un círculo las respuestas que sientes.**

¿Te hace sentir grande o pequeño?
¿Te hace sentir correcto o incorrecto?
¿Te hace sentir fuerte o débil?
¿Te hace sentir agresivo o tímido?
¿Te hace sentir poderoso o débil?

La mayoría de la gente dice que la ira los hace sentir mal después, pero en el momento, la ira en sí misma nos hace sentir "grandes, justos, fuertes, agresivos y poderosos". La ira es un poderoso anestésico físico y emocional. La heroína es un poderoso analgésico. Cuando hemos preguntado a clientes adictos a la heroína: "¿Cuánta heroína tendrías que tomar para no sentirlo si te golpeo en la cara lo más fuerte posible?" Su respuesta es siempre la misma: "Al limite de una sobredosis y de la muerte". De manera similar, cuando una persona está extremadamente enojada, puede recibir un golpe en la cara y no sentirlo. La ira es más fuerte que la heroína.

Consciente o inconscientemente, has aprendido a usar emociones como la ira para matar el dolor y huir de pensamientos, sentimientos y recuerdos subconscientes e indeseados. Muchos adictos tienen una adicción a la ira además de a las drogas, sobre todo si sus modelos a seguir eran "adictos a la ira". Para mayor comprensión, lea Ira y Adicción de Ronald T. y Patricia PotterEfron. Las personas sanas se mueven hacia su dolor y lo enfrentan con valentía. Aunque el riesgo es incómodo, las personas aprenden a disfrutar del sentimiento que surge a través de la resolución de conflictos y una conciencia tranquila.

≡ **PENSAMIENTO**
clave

> **Se puede usar a la ira y la ansiedad como anestésicos para matar al dolor y evitar sentir.**

Lo que sí sabemos es esto: En alcohólicos y adictos el resentimiento conduce a la recaída. *"El resentimiento es el delincuente 'número uno'. Destruye a más alcohólicos que cualquier otra cosa; de él se derivan todas las formas de enfermedad espiritual." El Libro Grande de Alcohólicos Anónimos - Tercera Edición, página 64.*

LA ANSIEDAD COMO RESPUESTA AL DOLOR

La ansiedad se puede utilizar como un anestésico para enfrentar a los sentimientos. Aunque incómoda, esta emoción libera neuroquímicos que hacen que el cuerpo se acelere y evite la depresión dolorosa. En su libro Aguijones en el Corazon, el Dr. Stiles afirma: En términos físicos, la ansiedad es una condición de niveles variables de incomodidad impulsada por la respuesta al miedo que ocurre en la parte inferior del cerebro. La ansiedad leve a menudo está presente cuando algo nos preocupa, cuando estamos indecisos sobre un asunto que exige una respuesta urgente, cuando estamos luchando contra la depresión o incluso cuando surge el recuerdo de una situación estresante. Pero la ansiedad grave no aparece sin ninguna razón. Comienza como una respuesta muy natural al dolor emocional y físico en nuestras vidas. Sin embargo, con el tiempo, las respuestas de ansiedad se pueden aprender en la parte inferior del cerebro al igual que otros patrones de hábitos, como la ira y la adicción. La ansiedad hasta puede ser detonado por recuerdos o respuestas aprendidas...

"Examíname, Dios, y conoce mi corazón; pruébame y conoce mis pensamientos. Señálame lo que en mí te ofende, y guíame por la senda de la vida eterna"
—Salmos 139:2324 (NBV)

*"Por lo tanto os digo:
No andéis preocupados
pensando qué vais a comer
o qué vais a beber para
poder vivir, o con qué ropa
vais a cubrir vuestro cuerpo.
¿Es que no vale la vida más
que la comida, y el cuerpo
más que la ropa? Mirad las
aves que vuelan por el cielo:
no siembran, ni cosechan,
ni guardan en almacenes y,
sin embargo, vuestro Padre
celestial las alimenta. ¡Pues
vosotros valéis mucho más
que esas aves! Por lo demás,
¿Quién de vosotros, por
mucho que se preocupe,
podrá añadir una sola
hora A su vida? ¿Y por qué
preocuparos a causa de la
ropa? Aprended de los lirios
del campo y fijaros cómo
crecen. No trabajan ni hilan
y, sin embargo, os digo que
ni siquiera el rey Salomón,
con todo su esplendor, llegó
a vestirse como uno de
ellos. Pues si Dios viste así
a la hierba del campo, que
hoy está verde y mañana
será quemada en el horno,
¿no hará mucho más por
vosotros? ¡Qué débil es
vuestra fe! Así pues, no os
atormentéis diciendo: "¿Qué
comeremos, qué beberemos
o con qué nos vestiremos?"
Esas son las cosas que
preocupan a los paganos;
pero vuestro Padre celestial
ya sabe que las necesitáis.
Vosotros, antes que nada,
buscad al reino de Dios y
todo lo justo y bueno que
hay en él, y Dios os dará,
Además, todas esas cosas.
No os inquietéis, pues, por el
día de mañana, que el día
de mañana ya traerá sus
pueden Inquietudes. ¡Cada
día tiene bastante con sus
propios problemas!"
—Mateo 6: 2534 (BLP)*

En cantidades moderadas, la ansiedad puede energizarnos y motivarnos, aunque de manera incómoda. Hasta podría marcar la diferencia cuando nos encontramos en situaciones amenazantes. Supongamos que escuchamos el rugido aterrador de un tornado que se aproxima. Cuando el desastre está a la vuelta de la esquina, no nos quedamos quietos . Nos volvemos muy ansiosos. Todos nuestros sentidos se alertan, nuestra tensión arterial y latido cardíaco aumentan, nos enfocamos, y fluye nuestra adrenalina. Suponiendo que nuestra ansiedad no sea paralizante, estamos listos para actuar con rapidez y decisivamente. Esta condición se conoce como hipervigilancia. Durante la hipervigilancia, nuestros cuerpos producen hormonas para acelerar nuestro metabolismo, mientras que nuestro sistema digestivo se ralentiza para conservar sangre para nuestros músculos. Al mismo tiempo, el hígado libera el colesterol almacenado para tener energía a largo plazo, y las glándulas suprarrenales liberan cortisona (un antiinflamatorio), además de provocar un aumento en la quema de azúcar (como combustible). Con todo, la ansiedad nos ayuda a enfrentar con eficacia a la mayoría de las emergencias...

Uno de los problemas graves de la ansiedad crónica es el desequilibrio que provoca en la química cerebral. La ansiedad hace que gastemos las sustancias químicas del cerebro que nos ayudan a sobrellevar el estrés. A cambio, al agotar estos químicos nos puede llevar a una falta de motivación y cambios de humor negativos. Es por eso que el estrés y la ansiedad perpetua suelen ir acompañados con la depresión. Además de causar un desequilibrio en la química del cerebro, la ansiedad crónica también también pone a prueba los sistemas nervioso, circulatorio y digestivo.

Aparte de alertarnos en situaciones de crisis, la ansiedad tiene una función adicional. Sirve como antídoto contra el dolor emocional y físico. Dado que se suele relacionar la ansiedad con el dolor y la angustia, su función de enmascarar el dolor puede resultar sorprendente. Si la ansiedad causa dolor emocional, ¿cómo lo detiene también? En moderación, la ansiedad es una pantalla de humo efectiva, osea- una distracción de otros dolores emocionales que pueden estar ocurriendo en nuestras vidas. La ansiedad enmascara nuestro dolor emocional de dos maneras. Primero, desvía nuestra atención de lo que nos está molestando en el momento. En segundo lugar, al igual que con la ira, la ansiedad estimula la liberación de endorfinas (mencionado en un capítulo anterior). Estos sirven para aliviar temporalmente tanto el dolor emocional como el físico...

Aquí empieza el problema. Cuando descubrimos que la ansiedad nos ha servido bien en una situación particular, como enmascarar el dolor, podemos volver a usarla deliberadamente. En este punto, nuestro cerebro inferior empieza a recordar nuestra respuesta. Pronto, se desarrolla una huella o hábito y acabamos aprendiendo ansiedad. Con el tiempo, cualquier cosa que desencadene estos patrones aprendidos, o huellas, producirá las respuestas de ansiedad. Las señales de estrés, cada una de las cuales desencadena su propia huella de ansiedad, difieren de una persona a persona.

Una vez que nuestro cerebro inferior que es impulsado por las emociones aprende ansiedad, estamos en una zona de peligro. De hecho, para algunas personas la respuesta de ansiedad puede reaparecer espontáneamente. No hay forma de controlar directamente los patrones de respuesta aprendidos en la parte inferior de nuestro cerebro, no hay un interruptor de "apagar" que podamos usar para terminar nuestras respuestas de ansiedad. Además, una variedad de situaciones detonar respuestas de ansiedad previamente aprendidas. Eventualmente, las emociones, las presiones, o simplemente el recuerdo de una ansiedad pasada pueden causar que ansiedad aprendida se produzca.

≡ **PENSAMIENTO**
clave

La ansiedad crea energía nerviosa,
que puede conducir al agotamiento.
El agotamiento es la causa principal
de recaída.

Si guardas dos pequeños resentimientos sin resolver que te producen ansiedad cada día, ¡en un año sumarían 730! ¿Cuántos resentimientos crees que una persona puede guardar dentro como problemas no resueltos antes de que esa persona recaiga? 5? 50? 500? 1000?

APTITUDES VITALES: PREGUNTAS DE REVISIÓN

Por favor responda a las siguientes preguntas para demostrar tu comprensión de los conceptos que has leído. Explora las respuestas con tu consejero durante tu próxima sesión.

1. Explique la demora límbica. _____

_____

_____

_____

2. Las drogas y el alcohol son _____ , matan a _____.

3. Explique la ley del dolor. _____

_____

_____

_____

4. ¿Cómo usas emociones como la ira o la ansiedad para sobrellevar tu dolor? _____

_____

_____

_____

5. En una escala del 1 al 10, ¿qué tan lleno está tu depósito de resentimientos? _____

_____

6. ¿Cómo afecta el resentimiento a tu capacidad de permanecer en recuperación? _____

_____

_____

_____

APTITUD VITAL 1:
HERRAMIENTA: ESCALA "PATEAR" (FASTER Scale)

Cualquier cosa que acelere el cuerpo adormece la conciencia de dolor físico y emocional.

La escala PATEAR muestra lo que está pasando neuroquímicamente a través de una escala de comportamientos para estar consciente de la recaída. Antes de que ocurra una recaída, muchos cambios biológicos, psicológicos y sociales afectan tu neuroquímica. Tomas velocidad y aceleras tu vida para evitar el miedo y el dolor, a cambio aumentando la ansiedad y la ira. Se puede utilizar las emociones para ocultar el dolor. Esto agota los neuroquímicos, causando desesperanza y agotamiento. En este estado de agotamiento, los adictos se aíslan y sienten que no pueden vivir sin los químicos. De tal manera, la recaída es inevitable. Cada letra de la palabra "PATEAR" representa uno de los pasos de la escala de recaídas en las siguientes páginas. Esta escala refleja una progresión de las emociones fuertes que enmascaran el dolor. La escala explica neuroquímicamente lo que experimentarás en tu descenso a la recaída. Recuerde, la ira y la ansiedad liberan adrenalina y norepinefrina, que aceleran el cuerpo. Después de acelerar, te enojas y luego te agotas. ¿Has recaído porque sentiste la desesperanza del agotamiento? Recuerda tus últimas palabras y sentimientos antes de recaer.

"R" Recuperación El estado más alto en el modelo es la primera fase – Recuperación. Esto representa la "entrega". Es una actitud de aceptar la vida en los términos de Dios, recibiendo tanto lo bueno como lo malo con una actitud de agradecimiento por el amor de Dios y la ayuda de otros, avanzando abierta y honestamente, y enfrentando y resolviendo los problemas. Es empezar a ser una parte de la solución en lugar del problema. Guardar secretos provoca recaídas. La recuperación significa permanecer responsable y rendir cuentas.

PASO 1

RECAÍDA SECA

"P" Prioridades Olvidadas Un cambio repentino en los planes y prioridades es uno de los primeros indicadores de una 'Recaída Seca'. Por ejemplo, una persona planea volver a los estudios para obtener un título. Una semana después, el plan cambia. Ahora, el plan es buscar trabajo, un auto nuevo, una vivienda y después se puede pensar en volver a la formación. Ya sea consciente o inconscientemente, la persona que enfrenta el nuevo desafío quiere encontrar una manera de evitarlo. Las nuevas prioridades producen químicos que excitan el sistema límbico, lo cual, acelera el cuerpo y disminuye el miedo o el aburrimiento. Empiezas a evitar las tareas simples de la vida o los compromisos a la recuperación.

PASO 2

"A" = Ansiedad El siguiente nivel de liberación neuroquímica se produce por el drama -una reacción exagerada o insuficiente a las circunstancias ya los demás. En esta fase, memorias antiguas se reproducen una y otra vez. En los círculos de recuperación, esto se llama "culpar a la gente, los lugares y las cosas por lo que te hacen sentir." Cuando criticas la conducta de otras personas, tu enfoque está dirigido hacia ellos y muy lejos de ti y tus propios problemas. La fe y la preocupación no pueden existir en la misma mente al mismo tiempo. Cuando eliges preocuparte por cosas, sobre todo por cosas que no puedes controlar, sientes una carga emocional, una infusión de adrenalina ansiosa alimentada por el "remordimiento" del pasado y los "¿qué hubiera sido?" del futuro. Desafortunadamente, tu capacidad para ver y resolver los problemas de hoy se reduce mucho en esta fase.

"T" = Tomar Velocidad En este nivel de anestesia neuroquímica, subconscientemente se evita los sentimientos de miedo o depresión a través del aumento de velocidad. Las características de esta fase son la incapacidad de parar o relajarse, trabajar mucho e ignorar comer durante el día y/o comer en exceso por la noche. Otra manera de acelerar es por consumir más cafeína y azúcar. Acelerar a través de largas horas de trabajo, de salir todas las noches, quedar despierto hasta tarde, comer más/menos de lo normal y el gasto compulsivo, son algunas formas en las que intentas escapar la depresión y negar que tienes necesidades físicas o emocionales.

PASO 3

"E" = Enojado La ira en toda regla aumenta los neuroquímicos como la adrenalina, las endorfinas y la norepinefrina. Aquí te sientes grande, fuerte, seguro, activo, con toda la razón e inconsciente de dolor. Recuerde, neuroquímicamente, la ira es muy parecida a la cocaína. En este nivel, la ira no es sólo un analgésico emocional para calmar el dolor, sino un analgésico efectivo del dolor físico también. Tus emociones, ira y reacciones son más exageradas de lo que las circunstancias normalmente merecerían. Es posible que avergüences y culpes a los demás, alejándolos con una actitud de "No necesito a nadie". Los muros de rechazo te aíslan mientras te enfureces por tus necesidades insatisfechas. El resultado es que estás alejando a las personas cuando más las necesitas.

ETAPA 4

RECAÍDA SECA

"A" = Agotado En esta última fase antes de consumir, los neuroquímicos del cuerpo están casi agotados, lo cual hace que el dolor, la ira, el pánico y la ansiedad sean inevitables. Permanecer en esta fase por mucho tiempo hará sentir cansado, desesperado y deprimido. Además, si se produce una crisis durante esta fase, no serás capaz de enfrentarla. La parte de supervivencia de tu cerebro crea un deseo o antojo por tu adicción.

PASO 5

"R" = Recaída Es volver al lugar al que juraste jamás volver. Darte por vencido, sceder, fuera de control, perdido en tu adicción. Mentir a los demás y a ti mismo. Sentir que simplemente no puedes vivir sin ello; al menos por ahora.

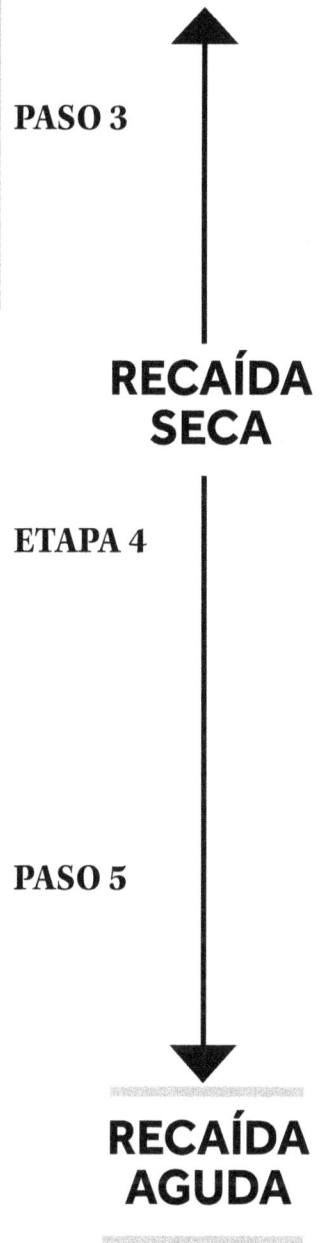

RECAÍDA AGUDA

Todos los pasos tienen una cosa en común: **la postergación** (dejar las cosas para más tarde). Mientras no enfrentas tus problemas, vas bajando la Escala PATEAR. La crisis llegan en el momento que ere menos capaz de lidiar con ellas emocionalmente. La versión corta de la escala PATEAR es **tomar velocidad > enojado > agotado > recaída.** La postergación empeora los problemas y el aislamiento elimina la sabiduría de tu consejero, amigos y familia, quienes te ayudarán a ver el panorama general y resolver los problemas. **Los adictos tienen que lograr aislarse para poder recaer.** La rendición de cuentas regularmente (utilizando la escala PATEAR) es el antídoto para el aislamiento.

≡ **PENSAMIENTO** *clave*

> **Todas las adicciones hacen principalmente la misma cosa. Expulsan los pensamientos, sentimientos y recuerdos no deseados temporalmente fuera de tu conciencia.**

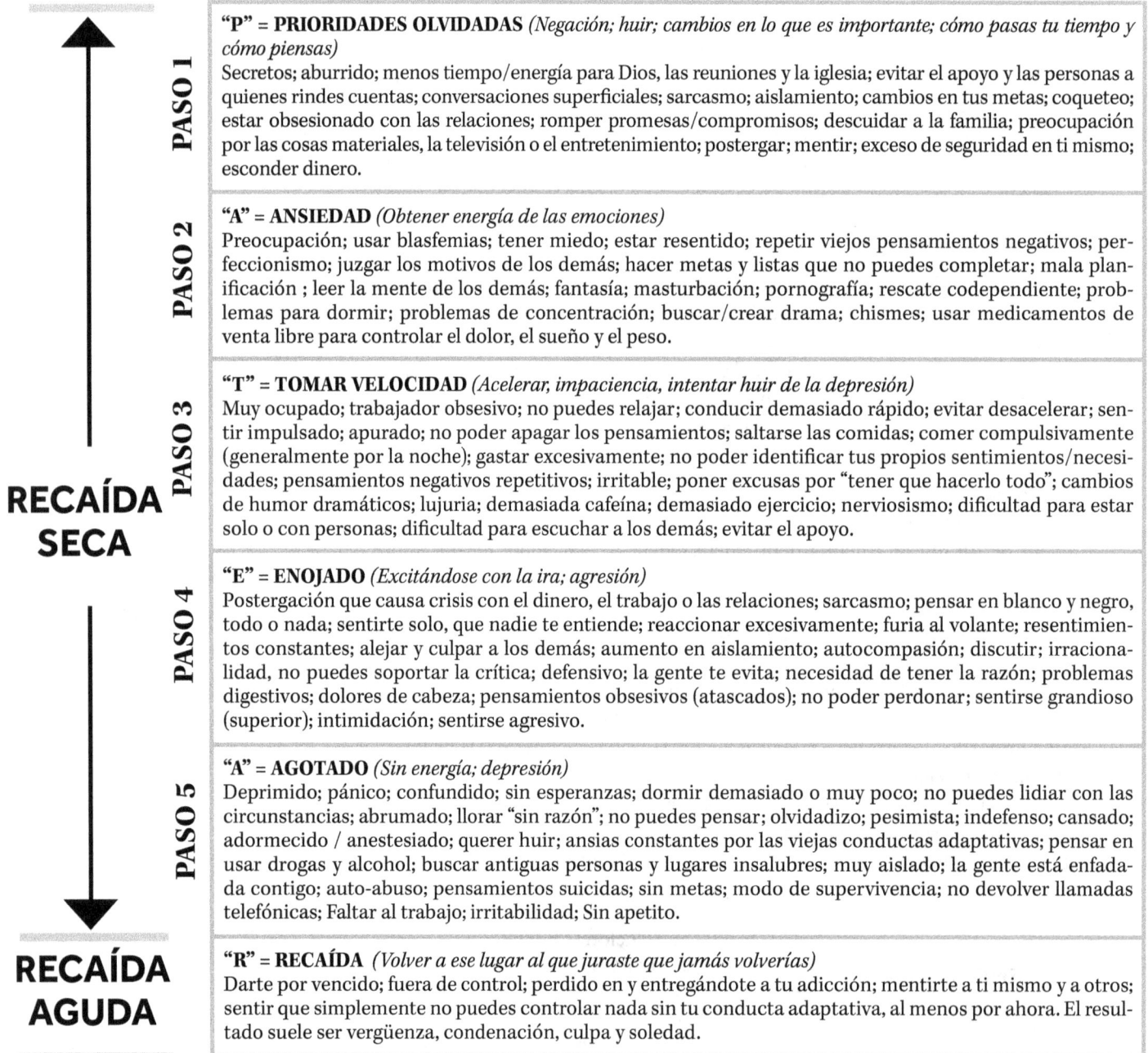

ESCALA DE CONCIENTIZACIÓN DE RECAÍDAS "PATEAR" (FASTER Scale)

INSTRUCCIONES: Revisa tu manera de pensar refiriéndote a esta escala. Es posible que estés experimentando solo un Incidente en vez de un patrón. Tener síntomas de recaída seca no significa que estés en un patrón de recaída. Encierre en un circulo los comportamientos con los que te identifiques ahora o en el pasado. Los síntomas repetitivos indican un patrón de recaída seca.

> **RECUPERACIÓN** *(Cómo se ven las personas que están recuperando)*
> Sin secretos actuales; resolver problemas; identificar miedos y sentimietos; mantener los compromisos a las reuniones, la oración, la familia, la iglesia, las personas, las metas y uno mismo; ser transparente; ser honesto; mantener contracto visual; tener contracto con otros; creciendo en las relaciones con Dios y con los demás; rendir de cuesntas

El Patrón de Recaída Seca
P – A – T – E – A – R

RECAÍDA SECA (flecha descendente)

PASO 1

> **"P" = PRIORIDADES OLVIDADAS** *(Negación; huir; cambios en lo que es importante; cómo pasas tu tiempo y cómo piensas)*
> Secretos; aburrido; menos tiempo/energía para Dios, las reuniones y la iglesia; evitar el apoyo y las personas a quienes rindes cuentas; conversaciones superficiales; sarcasmo; aislamiento; cambios en tus metas; coqueteo; estar obsesionado con las relaciones; romper promesas/compromisos; descuidar a la familia; preocupación por las cosas materiales, la televisión o el entretenimiento; postergar; mentir; exceso de seguridad en ti mismo; esconder dinero.

PASO 2

> **"A" = ANSIEDAD** *(Obtener energía de las emociones)*
> Preocupación; usar blasfemias; tener miedo; estar resentido; repetir viejos pensamientos negativos; perfeccionismo; juzgar los motivos de los demás; hacer metas y listas que no puedes completar; mala planificación ; leer la mente de los demás; fantasía; masturbación; pornografía; rescate codependiente; problemas para dormir; problemas de concentración; buscar/crear drama; chismes; usar medicamentos de venta libre para controlar el dolor, el sueño y el peso.

PASO 3

> **"T" = TOMAR VELOCIDAD** *(Acelerar, impaciencia, intentar huir de la depresión)*
> Muy ocupado; trabajador obsesivo; no puedes relajar; conducir demasiado rápido; evitar desacelerar; sentir impulsado; apurado; no poder apagar los pensamientos; saltarse las comidas; comer compulsivamente (generalmente por la noche); gastar excesivamente; no poder identificar tus propios sentimientos/necesidades; pensamientos negativos repetitivos; irritable; poner excusas por "tener que hacerlo todo"; cambios de humor dramáticos; lujuria; demasiada cafeína; demasiado ejercicio; nerviosismo; dificultad para estar solo o con personas; dificultad para escuchar a los demás; evitar el apoyo.

PASO 4

> **"E" = ENOJADO** *(Excitándose con la ira; agresión)*
> Postergación que causa crisis con el dinero, el trabajo o las relaciones; sarcasmo; pensar en blanco y negro, todo o nada; sentirte solo, que nadie te entiende; reaccionar excesivamente; furia al volante; resentimientos constantes; alejar y culpar a los demás; aumento en aislamiento; autocompasión; discutir; irracionalidad, no puedes soportar la crítica; defensivo; la gente te evita; necesidad de tener la razón; problemas digestivos; dolores de cabeza; pensamientos obsesivos (atascados); no poder perdonar; sentirse grandioso (superior); intimidación; sentirse agresivo.

PASO 5

> **"A" = AGOTADO** *(Sin energía; depresión)*
> Deprimido; pánico; confundido; sin esperanzas; dormir demasiado o muy poco; no puedes lidiar con las circunstancias; abrumado; llorar "sin razón"; no puedes pensar; olvidadizo; pesimista; indefenso; cansado; adormecido / anestesiado; querer huir; ansias constantes por las viejas conductas adaptativas; pensar en usar drogas y alcohol; buscar antiguas personas y lugares insalubres; muy aislado; la gente está enfadada contigo; auto-abuso; pensamientos suicidas; sin metas; modo de supervivencia; no devolver llamadas telefónicas; Faltar al trabajo; irritabilidad; Sin apetito.

RECAÍDA AGUDA

> **"R" = RECAÍDA** *(Volver a ese lugar al que juraste que jamás volverías)*
> Darte por vencido; fuera de control; perdido en y entregándote a tu adicción; mentirte a ti mismo y a otros; sentir que simplemente no puedes controlar nada sin tu conducta adaptativa, al menos por ahora. El resultado suele ser vergüenza, condenación, culpa y soledad.

EJERCICIO DE ESCALA PATEAR

1. En la Escala PATEAR encierre en un círculo todos los comportamientos de cada sección con las que te identifiques.
2. Identifique el comportamiento más dominante de cada sección y escríbalo al lado del encabezado correspondiente.
3. Contesta estas tres preguntas a continuación:
    A. ¿Cómo me afecta el comportamiento, cómo me hace actuar y sentir?
    B. ¿Cómo afecta a mis relaciones, cómo hace que actúen y sientan los demás?
    C. ¿Por qué hago esto, para qué sirve, cuál es el beneficio?

RECUPERACIÓN: _____

A. _____
B. _____
C. _____

PRIORIDADES OLVIDADAS: _____

A. _____
B. _____
C. _____

ANSIEDAD: _____

A. _____
B. _____
C. _____

TOMAR VELOCIDAD: _____

A. _____
B. _____
C. _____

ENOJADO: _____

A. _____
B. _____
C. _____

AGOTADO: _____

A. _____
B. _____
C. _____

RECAÍDA: _____

A. _____
B. _____
C. _____

APTITUD VITAL 2: LIDIAR CON EL ESTRÉS

INSTRUCCIONES: Utilice la siguiente Escala de Estrés para identificar tu nivel de estrés y capacidad para funcionar. Luego haz los ejercicios de reducción de estrés en las páginas 78 - 81 para reducir tu nivel de estrés al Nivel Uno o menos.

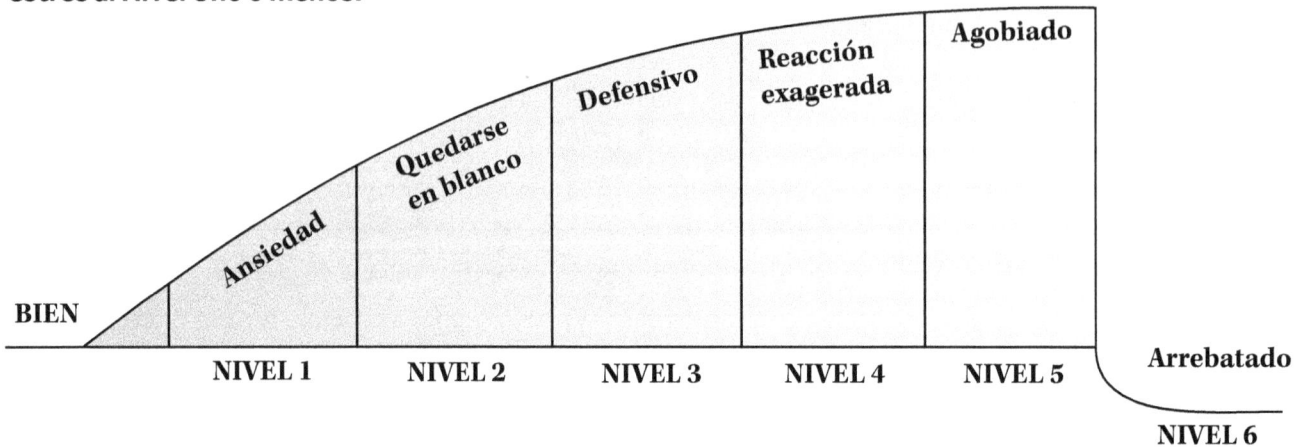

NIVEL 1 - Bajo nivel de ansiedad / temor
En el nivel uno, el nivel más alto de estrés normalmente cotidiano no interfiere con tu capacidad para funcionar. El estrés de la vida normal crea ansiedad. Por ejemplo, cuando estás muy ocupado y tienes muchas cosas que hacer, es posible que te preocupe no poder hacerlo todo, pero aún puedes funcionar y resolver problemas.

NIVEL 2 - Quedarse en blanco
En el nivel de estrés dos, tu neocórtex empieza a apagararse y tus sistemas de supervivencia empiezan a tomar el mando. Esto se llama quedar en blanco. Luego descubres que no puedes resolver problemas fáciles. Por ejemplo, durante el estrés de tomar un examen, olvidas lo que has estudiado y memorizado.

NIVEL 3 - Defensivo
En el nivel tres, te pones a la defensiva. En este nivel, ya no puedes ver el problema y por lo tanto haces que otra persona sea el problema. Cuando el temor y la ira empiezan a fusionarse, no puedes escuchar la perspectiva de la otra persona e intentas resolver el problema echando la culpa a los demás. Esta actitud defensiva crea una lucha de poder y puede hacer daño.

NIVEL 4 - Reacción exagerada
En el nivel cuatro, reaccionas de forma exagerada. La reacción exagerada se produce cuando la ira y el miedo llegan a un nivel del que quieres escapar. Por ejemplo, si te levantas y abandonas tu trabajo, o si golpeas la pared con el puño y te rompes la mano. Aquí es donde las reacciones límbicas de luchar, huir o congelarse son más poderosas.

NIVEL 5 - Agobiado
En el nivel cinco, estás agobiado- cuando estás agobiado, te quedas paralizado, incapaz de funcionar, te sientes adormecido y aterrorizado al mismo tiempo. La recaída a menudo ocurre porque ya no puedes ver ninguna salida buena de la situación y tu sistema de supervivencia resta el mando de ti con un ataque de pánico. Lo único en que puedes pensar es: "No puedo sobrevivir sin consumir."

NIVEL 6 - Arrebatado
En el nivel seis, excluyes a las personas, aislándote con tu adicción. Ahora te encuentras completamente en el modo de supervivencia.

EJERCICIO DE REDUCCIÓN DE ESTRÉS

Cuando sientes estrés, tienes que tomar el control de tu cuerpo y luego de tus pensamientos. Cuando tu cuerpo está lidiando con el estrés, tienes que tomarte un tiempo para calmarte y volver a pensar con claridad. La forma más efectiva de calmar tu cuerpo es respirar profundamente y reconocer el efecto que los pensamientos negativos tienen en ti. Practique el ejercicio de respiración profunda a continuación:

RESPIRACIÓN PROFUNDA

1.	*Identifica tu nivel de estrés* según la Escala de Estrés.
2.	*Detente, cierra los ojos,* comienza a respirar profundamente. Identifica las áreas de tu cuerpo que se sienten estresadas.
3.	*Inhala profundamente* mientras cuentas hasta seis. Aguanta la respiración mientras cuentas hasta tres, después suelta la respiración lentamente hasta la cuenta de seis, diles a tus áreas estresadas que se relajan.
4.	*Identifica los pensamientos* que están creando ansiedad o estrés, utiliza la escala "EXITO" de las páginas 78 - 81.

Repite esto tantas veces como sea necesario para volver al nivel uno o BIEN, donde puedes ver, pensar y reaccionar con mayor claridad para resolver problemas.

Si alguien te está hablando y sientes que tu nivel de estrés aumenta y empiezas a ponerte a la defensiva. Detente, pide un minuto para reagruparte y reducir tu nivel de estrés respirando profundamente. Si lo ves apropiado, puedes pedirle a la otra persona que te acompañe en el ejercicio. Ambos estaréis menos a la defensiva y más centrados en como mejor resolver los problemas. De esta manera, puedes manejar el estrés de manera más efectiva y aumentar tus posibilidades de resolver el problema.

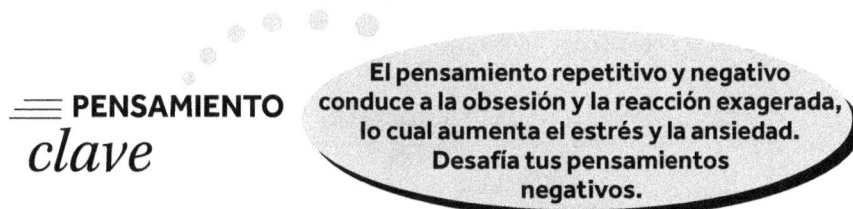

≡ **PENSAMIENTO**
clave

El pensamiento repetitivo y negativo conduce a la obsesión y la reacción exagerada, lo cual aumenta el estrés y la ansiedad. Desafía tus pensamientos negativos.

Identificar los pensamientos que crean ansiedad y desafiar tu diálogo interno negativo te ayudará a disminuir el estrés. Asegúrate de hacer esto cada vez que te encuentras ansioso o estresado. Aprenderás cómo lidiar con los pensamientos negativos repetitivos cuando contrarrestas tu estrés o ansiedad con dialogar contigo mismo sobre los hechos reales y reconociendo la verdad de lo que realmente está sucediendo. En Aptitud Vital 3, utilizarás la hoja de trabajo EXITO.

APTITUD VITAL 3: PENSAR EN LA REALIDAD
HERRAMIENTA: FICHA DE LA ESCALA EXITO

Los pensamientos y las percepciones crean emociones. Las emociones estimulan los neuroquímicos. Algunas emociones anestesian el dolor emocional y físico. Al igual que las drogas y el alcohol, las emociones pueden convertirse en formas habituales de anestesiar pensamientos y sentimientos no deseados. La "Escala PATEAR" muestra cómo esta ansiedad puede conducir a una recaída si no se controla.

Las personas con adicciones necesitan aprender a evaluar su forma de pensar. Después de pensar los mismos pensamientos tres o cuatro veces, el cuerpo comienza a creer que el pensamiento es verdadero y producirá las emociones correspondientes como si el pensamiento fuera verdadero.

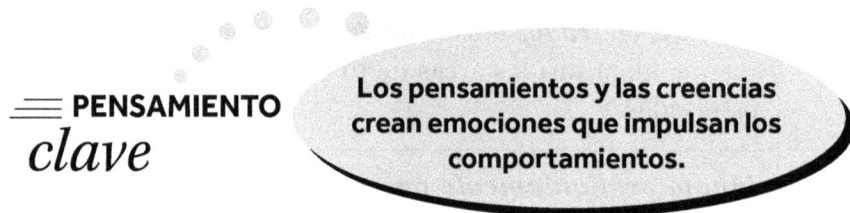

≡ **PENSAMIENTO**
clave

> Los pensamientos y las creencias crean emociones que impulsan los comportamientos.

"Destruimos argumentos y toda altivez que se levanta contra el conocimiento de Dios, y llevamos cautivo todo pensamiento para hacerlo obdediente obediente a Cristo".
— 2 Corintios 10:5 (NVI)

Por ejemplo: si crees que a nadie le gustas, las emociones resultantes serían miedo, ansiedad y estar a la defensiva. Si crees que "nadie se preocupa por mí", evitarás arriesgar nuevas relaciones y, por lo tanto, nunca lidiarás con tus temores. Estos pensamientos, reproducidos una y otra vez en tu mente, se denominan como "Pensamientos Automáticos Negativos". Estos "PAN" pueden convertirse en patrones de pensamientos habituales que conducen a la ansiedad, la depresión, y estrés.

La siguiente herramienta se llama la Escala EXITO. Al usar esta herramienta, abrirás los ojos a la realidad para desafiar los patrones de pensamientos obsesivos. Al practicar con esta herramienta, desafiarás a tus "PAN", reduciendo las emociones que producen. Esta es una aptitud vital importante que puede reducir o prevenir la "recaída seca" (consulta la Escala PATEAR).

Las cinco secciones a continuación forman el acrónimo EXITO. Aprenderás a tener éxito en la verdad y la realidad por revisar tu manera de pensar. Estudie el ejemplo de la página siguiente.

EXITO significa:

E	EVALUAR PENSAMIENTOS
X	EXPERIENCIA
I	IDENTIFICAR
T	TOMAR ACCIÓN
O	OBEDECER

APTITUD VITAL 3: PENSAR EN LA REALIDAD
EJEMPLO: FICHA ESCALA EXITO

INSTRUCCIONES: Revise cada sección de la Escala EXITO. Primero, evalúa un pensamiento repetitivo. Después escribe los efectos que experimentas. Identifica las mentiras sobre el pensamiento y pídale a alguien que te ayude a desafiar tu pensamiento con la verdad. Vive en la realidad en lugar del pensamiento obsesivo.

E

EVALUAR PENSAMIENTOS
¿Cuál es el pensamiento repetitivo? _Si la gente llega a conocerme, no les gustaré._
En una escala del 1 al 10, ¿qué tan firmemente creo que este pensamiento es cierto? _Ocho._
¿Resultado emocional de este pensamiento? _Miedo._ Escala: _Nueve._

X

EXPERIENCIA
¿Qué efecto experimento en mi comportamiento? _Aíslarme/ No me acerco a la gente/ No puedo pedir ayuda_

I

IDENTIFICAR
¿Hay pruebas de que este pensamiento sea cierto? _La gente ha descubierto que soy un adicto y me evita._
¿Hay pruebas de que este pensamiento sea falso? _Algunos se han acercado a mí. No todas las personas me rechazarán._ ¿Qué es lo más probable que sea cierto? _A algunas personas les gustaré, otras no._

T

TOMAR ACCIÓN
¿Quién puede ayudarme a desafiar esta forma de pensar? _Mi grupo de estudio bíblico._

O

OBEDECER
¿A quién debo pedir ayuda y obedecer? _Le pediré a mi amigo o a mi consejero que me diga si mi forma de pensar es correcta o realista. Ellos me ayudarán a ver la verdad y les escucharé._

Nota: Es posible utilizar la Escala EXITO para desafiar algunas de tus Creencias Falsas en el Proceso Dos en las páginas 40 - 43.

Con lápiz, pase a las Hojas de Trabajo ÉXITO para Pensar en la Realidad.

APTITUD VITAL 3: PENSAR EN LA REALIDAD
FICHA ESCALA EXITO

INSTRUCCIONES: Revise cada sección de la Escala EXITO. Primero, evalúa un pensamiento repetitivo. Después escribe los efectos que experimentas. Identifica las mentiras sobre el pensamiento y pídale a alguien que te ayude a desafiar tu pensamiento con la verdad. Vive en la realidad en lugar del pensamiento obsesivo.

E

EVALUAR PENSAMIENTOS

¿Cuál es el pensamiento repetitivo? _____

En una escala del 1 al 10, ¿qué tan firmemente creo que este pensamiento es cierto? _____

¿Resultado emocional de este pensamiento? _____ Escala: _____

X

EXPERIENCIA

¿Qué efecto experimento en mi comportamiento? _____

_____

_____

I

IDENTIFICAR

¿Hay pruebas de que este pensamiento sea cierto? _____

_____

¿Hay pruebas de que este pensamiento sea falso? _____

_____

¿Qué es lo más probable que sea cierto? _____

_____

T

TOMAR ACCIÓN

¿Quién puede ayudarme a desafiar esta forma de pensar? _____

O

OBEDECER

¿A quién debo pedir ayuda y obedecer? _____

_____

APTITUD VITAL 3: PENSAR EN LA REALIDAD
FICHA ESCALA EXITO

INSTRUCCIONES: Revise cada sección de la Escala EXITO. Primero, evalúa un pensamiento repetitivo. Después escribe los efectos que experimentas. Identifica las mentiras sobre el pensamiento y pídale a alguien que te ayude a desafiar tu pensamiento con la verdad. Vive en la realidad en lugar del pensamiento obsesivo.

E

> **EVALUAR PENSAMIENTOS**
>
> **¿Cuál es el pensamiento repetitivo?** _____
>
> **En una escala del 1 al 10, ¿qué tan firmemente creo que este pensamiento es cierto?** _____
>
> **¿Resultado emocional de este pensamiento?** _____ **Escala:** _____

X

> **EXPERIENCIA**
>
> **¿Qué efecto experimento en mi comportamiento?** _____
>
> _____
>
> _____

I

> **IDENTIFICAR**
>
> **¿Hay pruebas de que este pensamiento sea cierto?** _____
>
> _____
>
> **¿Hay pruebas de que este pensamiento sea falso?** _____
>
> _____
>
> **¿Qué es lo más probable que sea cierto?** _____
>
> _____

T

> **TOMAR ACCIÓN**
>
> **¿Quién puede ayudarme a desafiar esta forma de pensar?** _____

O

> **HELP**
>
> **¿A quién debo pedir ayuda y obedecer?** _____
>
> _____

APTITUD VITAL 3: PENSAR EN LA REALIDAD
FICHA ESCALA EXITO

INSTRUCCIONES: Revise cada sección de la Escala EXITO. Primero, evalúa un pensamiento repetitivo. Después escribe los efectos que experimentas. Identifica las mentiras sobre el pensamiento y pídale a alguien que te ayude a desafiar tu pensamiento con la verdad. Vive en la realidad en lugar del pensamiento obsesivo.

E

EVALUAR PENSAMIENTOS

¿Cuál es el pensamiento repetitivo? _____

En una escala del 1 al 10, ¿qué tan firmemente creo que este pensamiento es cierto? _____

¿Resultado emocional de este pensamiento? _____ Escala: _____

X

EXPERIENCIA

¿Qué efecto experimento en mi comportamiento? _____

_____

_____

I

IDENTIFICAR

¿Hay pruebas de que este pensamiento sea cierto? _____

_____

¿Hay pruebas de que este pensamiento sea falso? _____

_____

¿Qué es lo más probable que sea cierto? _____

_____

T

TOMAR ACCIÓN

¿Quién puede ayudarme a desafiar esta forma de pensar? _____

O

HELP

¿A quién debo pedir ayuda y obedecer? _____

_____

Notas

Notas

APTITUD VITAL 4:
HERRAMIENTA: REGISTRO DE ENOJO

En el Proceso Cuatro, la ira se analiza en detalle. Revisa cómo la ira funciona como un anestésico en la página 72. Tu capacidad para comprender y procesar tu ira es una herramienta extremadamente importante en el proceso de la recuperación. En la página siguiente, enumera varias experiencias pasadas con la ira y si posiblemente reaccionaste exageradamente al convertir los problemas en crisis. La ira es muy poderosa y puede sabotear tu capacidad para resolver problemas. Presta mucha atención a las secciones del registro de ira tituladas "Animar tu ira" y "Desanimar tu ira". Esto lo ayudará a asumir la responsabilidad de tu ira y comportamientos autodestructivos. Recuerda, la ira aleja a las personas, lo que resulta en aislamiento. Lo cual es un denominador común tanto en las recaídas secas como en las agudas.

≡ **PENSAMIENTO**
clave

> Un momento de ira puede convertir un problema pequeño en una crisis, lo que sabotea tu recuperación.

Completa la ficha en la página siguiente. Piensa en momentos recientes en los que estuviste enojado o reaccionaste de forma exagerada. Rellena varios registros de ira y revísalos con tu consejero. Las familias disfuncionales no resuelven la ira o el conflicto. El comportamiento pasivoagresivo suele manifestarse en alguna forma de rebelión o resistencia, pero evita a toda costa el conflicto directo. Use el registro de ira para calmar las interacciones que resultan en ira o resistencia pasivoagresivo.

≡ **PENSAMIENTO**
clave

> El papel principal de la ira es anestesiar la emoción del miedo.

"No pequen por el enojo; no dejen que anochezca estando aun enojados, y no le den ninguna oportunidad al diablo."
—*Efesios 4:2627 (VBL)*

"No te hagas amigo de gente violenta, ni te juntas con los iracundos, no sea que aprendas sus malas costumbres y tú mismo caigas en la trampa."
—*Proverbios 22:2425 (NVI)*

APTITUD VITAL 4: EJEMPLO DE REGISTRO DE ENOJO

INSTRUCCIONES: Rellena la ficha y piensa en momentos recientes en los que estuviste enojado o reaccionaste de forma exagerada. Presta mucha atención a las secciones del registro de ira tituladas "Animar tu ira" y "Desanimar tu ira".

DETONANTE	TU DETONANTE
¿Qué evento detonó tu ira? Situación:	Multa por exceso de velocidad.
NIVEL DE ENOJO	TU ENOJO
¿Qué tan enojado estabas después del evento? 1 = menos 10 = máximo	Nueve.
OTROS SENTIMIENTOS	TUS OTROS SENTIMIENTOS
¿Qué más sentiste, además de ira, después del detonante? ¿Cuál fue tu sentimiento general? ¿Cómo se sintió tu cuerpo? Se específico.	Miedo, vergüenza, sangre corriendo a mi cara.
ANIMAR TU IRA	CÓMO ANIMAS A TU IRA
(Diálogo interno negativo.) ¿Qué te dijiste o pensaste que aumentó tu ira?	No era justo, todos los demás iban a exceso de velocidad. Me pararon porque tengo un auto viejo.
DESANIMA TU IRA	CÓMO DESANIMAS A TU IRA
(Diálogo interno positivo). ¿Qué te dijiste o pensaste que redujo tu ira? Si no usaste un diálogo interno positivo, ¿qué PODRÍAS haberte dicho o pensado para reducir tu ira? USA DECLARACIONES CON "YO".	Si iba a exceso de velocidad, no es el fin del mundo. Solo cometí un error.
NUEVOS SENTIMIENTOS	TUS NUEVOS SENTIMIENTOS
(Lo que sentiste DESPUÉS de desanimar tu ira y tus pensamientos.) Si no desanimaste tu ira, esta casilla se quedará en blanco.	Pude ser respetuoso con el oficial y me calmé.
COMPORTAMIENTO	TU COMPORTAMIENTO
¿Qué hiciste durante, mientras y después de enojarte? (Incluye cualquier comportamiento de la escala PATEAR)	Durante: Quejé, culpé a los otros conductores, casi empeoré la situación. Después: Me sentí agotado.

APTITUD VITAL 4: REGISTRO DE ENOJO

INSTRUCCIONES: Rellena la ficha y piensa en momentos recientes en los que estuviste enojado o reaccionaste de forma exagerada. Presta mucha atención a las secciones del registro de ira tituladas "Animar tu ira" y "Desanimar tu ira".

DETONANTE	TU DETONANTE
¿Qué evento detonó tu ira? Situación:	
NIVEL DE ENOJO	**TU ENOJO**
¿Qué tan enojado estabas después del evento? 1 = menos 10 = máximo	
OTROS SENTIMIENTOS	**TUS OTROS SENTIMIENTOS**
¿Qué más sentiste, además de ira, después del detonante? ¿Cuál fue tu sentimiento general? ¿Cómo se sintió tu cuerpo? Se específico.	
ANIMAR TU IRA	**CÓMO ANIMAS A TU IRA**
(Diálogo interno negativo.) ¿Qué te dijiste o pensaste que aumentó tu ira?	
DESANIMA TU IRA	**CÓMO DESANIMAS A TU IRA**
(Diálogo interno positivo). ¿Qué te dijiste o pensaste que redujo tu ira? Si no usaste un diálogo interno positivo, ¿qué PODRÍAS haberte dicho o pensado para reducir tu ira? USA DECLARACIONES CON "YO".	
NUEVOS SENTIMIENTOS	**TUS NUEVOS SENTIMIENTOS**
(Lo que sentiste DESPUÉS de desanimar tu ira y tus pensamientos.) Si no desanimaste tu ira, esta casilla se quedará en blanco.	
COMPORTAMIENTO	**TU COMPORTAMIENTO**
¿Qué hiciste durante, mientras y después de enojarte? (Incluye cualquier comportamiento de la escala PATEAR)	

APTITUD VITAL 4: REGISTRO DE ENOJO

INSTRUCCIONES: Rellena la ficha y piensa en momentos recientes en los que estuviste enojado o reaccionaste de forma exagerada. Presta mucha atención a las secciones del registro de ira tituladas "Animar tu ira" y "Desanimar tu ira".

DETONANTE	TU DETONANTE
¿Qué evento detonó tu ira? Situación:	
NIVEL DE ENOJO	TU ENOJO
¿Qué tan enojado estabas después del evento? 1 = menos 10 = máximo	
OTROS SENTIMIENTOS	TUS OTROS SENTIMIENTOS
¿Qué más sentiste, además de ira, después del detonante? ¿Cuál fue tu sentimiento general? ¿Cómo se sintió tu cuerpo? Se específico.	
ANIMAR TU IRA	CÓMO ANIMAS A TU IRA
(Diálogo interno negativo.) ¿Qué te dijiste o pensaste que aumentó tu ira?	
DESANIMA TU IRA	CÓMO DESANIMAS A TU IRA
(Diálogo interno positivo). ¿Qué te dijiste o pensaste que redujo tu ira? Si no usaste un diálogo interno positivo, ¿qué PODRÍAS haberte dicho o pensado para reducir tu ira? USA DECLARACIONES CON "YO".	
NUEVOS SENTIMIENTOS	TUS NUEVOS SENTIMIENTOS
(Lo que sentiste DESPUÉS de desanimar tu ira y tus pensamientos.) Si no desanimaste tu ira, esta casilla se quedará en blanco.	
COMPORTAMIENTO	TU COMPORTAMIENTO
¿Qué hiciste durante, mientras y después de enojarte? (Incluye cualquier comportamiento de la escala PATEAR)	

APTITUD VITAL 4: REGISTRO DE ENOJO

INSTRUCCIONES: Rellena la ficha y piensa en momentos recientes en los que estuviste enojado o reaccionaste de forma exagerada. Presta mucha atención a las secciones del registro de ira tituladas "Animar tu ira" y "Desanimar tu ira".

DETONANTE	TU DETONANTE
¿Qué evento detonó tu ira? Situación:	
NIVEL DE ENOJO	TU ENOJO
¿Qué tan enojado estabas después del evento? 1 = menos 10 = máximo	
OTROS SENTIMIENTOS	TUS OTROS SENTIMIENTOS
¿Qué más sentiste, además de ira, después del detonante? ¿Cuál fue tu sentimiento general? ¿Cómo se sintió tu cuerpo? Se específico.	
ANIMAR TU IRA	CÓMO ANIMAS A TU IRA
(Diálogo interno negativo.) ¿Qué te dijiste o pensaste que aumentó tu ira?	
DESANIMA TU IRA	CÓMO DESANIMAS A TU IRA
(Diálogo interno positivo). ¿Qué te dijiste o pensaste que redujo tu ira? Si no usaste un diálogo interno positivo, ¿qué PODRÍAS haberte dicho o pensado para reducir tu ira? USA DECLARACIONES CON "YO".	
NUEVOS SENTIMIENTOS	TUS NUEVOS SENTIMIENTOS
(Lo que sentiste DESPUÉS de desanimar tu ira y tus pensamientos.) Si no desanimaste tu ira, esta casilla se quedará en blanco.	
COMPORTAMIENTO	TU COMPORTAMIENTO
¿Qué hiciste durante, mientras y después de enojarte? (Incluye cualquier comportamiento de la escala PATEAR)	

RESOLUCIÓN DE CONFLICTOS ORAL

Resolver conflictos con otros es una aptitud vital básica. Uno se aprendería esta aptitud naturalmente mientras crecía en una familia saludable donde se discutía y encargaba de los resentimientos, los sentimientos heridos y las preguntas en un ambiente "seguro". Pero, en familias donde existían secretos, ira, alcoholismo o abuso de drogas, el ambiente no era favorable para compartir sentimientos, solucionar problemas o demonstrar con éxito la aptitud de resolver conflictos.

La mayoría de las relaciones tienen algún tipo de conflicto. Cuando los conflictos no se resuelven, las relaciones permanecerán superficiales. La gente racionaliza contra resolver conflictos porque el riesgo de hacerlo es demasiado aterrador. Estas personas minimizan los problemas diciéndose a sí mismas que no necesitan una solución. ¡Al desarrollar algunas aptitudes en cómo resolver conflictos, estos temores se pueden superar! Es difícil acercarse a la persona y arriesgarse a resolver el problema, pero los resentimientos no resueltos pueden conducir fácilmente a una recaída. ¡Vale la pena correr el riesgo!

PENSAMIENTO *clave*

> Las personas que son incapaces de resolver conflictos no llegan a tener relaciones interpersonales sanas de calidad.

INSTRUCCIONES: Escriba y luego habla con tu consejero cómo tu familia resolvía conflictos y cómo eso te afecta hoy. _____

_____

_____

_____

_____

_____

_____

_____

_____

En las siguientes páginas, verás sugerencias para la resolución de conflictos tanto oral como escrita. Experimenta usando ambos tipos para ver cuál funciona mejor para ti.

APTITUD VITAL 5: RESOLUCIÓN DE CONFLICTOS
HERRAMIENTA: FICHA ORAL

Este es un ejemplo de cómo hablar sobre un conflicto con otra persona. Si no puedes hacer esto verbalmente, usa la ficha de Resolución de Conflictos Escrita en la página siguiente.

1. Diríjate a la persona y pídale tiempo para hablar.

2. Examine tu propio motivo por hablar de este problema. ¿Cuál de estos se aplica a tu razón para querer hablar sobre el tema?

   a. ¡Para ganar! Para mostrar que yo tengo razón y tú estás equivocado. Avergonzarlos.
   b. Huir o evitar el conflicto causa problemas.
   c. Para ceder. Fingir que es mi culpa / que estoy equivocado = paz.
   d. Llegar a un compromiso. Ambos miraremos al problema, no quién tiene la razón o no la tiene.
   e. Para demostrar que me importa. Nuestra relación es lo más importante.

3. Muestra respeto y confianza a la otra persona por sentar y hablar cara a cara. Toma la responsabilidad sinceramente de tus reacciones y comportamientos. Concéntrete en lo que hizo la persona, no juzgues su carácter. Las difamaciones de carácter son humillantes y detienen la comunicación.

4. Trata solo con el problema actual. No menciones resentimientos o problemas del pasado. Quédate en el presente.

5. Presenta el problema sin culpar ni atacar, y pide ayuda para resolverlo. Ataca el problema, no a la persona. Usa declaraciones con "yo".

6. Poneros de acuerdo para escuchar un al otro sin interrumpir.

7. Pregunta preguntas abiertas como, ¿qué pasó? . . . ¿cuando? . . . ¿dónde? Evita preguntas de culpa como, ¿por qué? . . ¡Deberías! . . no puedes?

8. No hablas demasiado. Dale a la otra persona la libertad de pensar, sentir y elegir. Hablar rápido y la impaciencia cortarán la comunicación.

9. Identifica lo que realmente quieres y pídelo.

10. Pregúntale a la otra persona qué espera de ti.

APTITUD VITAL 5: RESOLUCIÓN DE CONFLICTOS
HERRAMIENTA: FICHA ESCRITA

INSTRUCCIONES: Cuando tengas dificultades para resolver un conflicto, rellena la ficha a continuación. Pide a todos los involucrados en el conflicto que rellenen una ficha también y luego juntaros para discutir y resolver el conflicto.

1. Escribe el problema, definirlo claramente.

2. Identifica soluciones alternativas.

Ellos ganan si:

Yo gano si:

Ambos ganamos si:

3. Describe un compromiso en el que todos puedan sentirse cómodos.

4. Complete la siguiente sección con quién, cuándo, dónde y qué dirás para implementar una posible solución.

Quién:

Cuándo:

Dónde:

Lo que dirás:

APTITUD VITAL 5: RESOLUCIÓN DE CONFLICTOS
HERRAMIENTA: FICHA ESCRITA

INSTRUCCIONES: Cuando tengas dificultades para resolver un conflicto, rellena la ficha a continuación. Pide a todos los involucrados en el conflicto que rellenen una ficha también y luego juntaros para discutir y resolver el conflicto.

1. Escribe el problema, definirlo claramente.

2. Identifica soluciones alternativas.

Ellos ganan si:

Yo gano si:

Ambos ganamos si:

3. Describe un compromiso en el que todos puedan sentirse cómodos.

4. Complete la siguiente sección con quién, cuándo, dónde y qué dirás para implementar una posible solución.

Quién:

Cuándo:

Dónde:

Lo que dirás:

APTITUD VITAL 5: RESOLUCIÓN DE CONFLICTOS
HERRAMIENTA: FICHA ESCRITA

INSTRUCCIONES: Cuando tengas dificultades para resolver un conflicto, rellena la ficha a continuación. Pide a todos los involucrados en el conflicto que rellenen una ficha también y luego juntaros para discutir y resolver el conflicto.

1. Escribe el problema, definirlo claramente.

2. Identifica soluciones alternativas.

Ellos ganan si:

Yo gano si:

Ambos ganamos si:

3. Describe un compromiso en el que todos puedan sentirse cómodos.

4. Complete la siguiente sección con quién, cuándo, dónde y qué dirás para implementar una posible solución.

Quién:

Cuándo:

Dónde:

Lo que dirás:

CIERRE DEL PROCESO

Responde las siguientes preguntas para hablar con tu consejero:

¿Qué nuevos conocimientos aprendiste durante este Proceso? _____

_____

_____

_____

¿En qué necesitas trabajar? _____

_____

_____

_____

¿En cuál de las aptitudes vitales necesitas trabajar? ¿Por qué? _____

_____

_____

_____

Pídele a tu consejero que ore contigo acerca de: _____

_____

_____

_____

TAREA: APLICACIÓN A LA VIDA

Utiliza ambos tipos de resolución de conflictos esta semana en tus experiencias diarias. Trae un ejemplo de cada herramienta de aptitudes vitales de una situación actual. Haz copias de la escala PATEAR. Mantén un registro de una semana de dónde te encuentras en la escala al final de cada día.

VERSÍCULO DE MEMORIA PARA LA PRÓXIMA SESIÓN:

"No tendrás otros dioses además de mí. No te harás ídolos ni imágenes de nada que esté en el cielo, en la tierra, o en lo profundo del mar. No te inclinarás delante de ninguna imagen ni la adorarás...."
—Éxodo 20:35a (NBV)

Versículo de memoria

Notas

PROCESO CINCO:
HISTORIA DE VIDA

META DEL PROCESO: En este proceso, comprenderás más profundamente cómo los eventos traumáticos y conductas habituales han afectado tu vida. Ganarás más perspectiva sobre cómo se originaron tus patrones de comportamiento.

HISTORIA CRONOLÓGICA DE VIDA

RESUMEN DE EVENTOS IMPACTANTES

LISTAS DE LUTO Y PERDÓN

HISTORIA CRONOLÓGICA

Harás una lista de los eventos de tu vida, desde el nacimiento hasta el presente. Estos eventos se dividirán en períodos de cinco años.

RESUMEN DE EVENTOS IMPACTANTES

Harás un resumen de los acontecimientos más impactantes de tu vida y cómo influyeron a tu conducta adictiva o a tu consumo de alcohol y drogas.

LISTA DE LUTO Y DOS LISTAS DE PERDÓN

Crearás una lista de lo que tienes que llorar, lo que necesitas perdonar de otros y lo que te perdonen. quieres que otros

HISTORIA DE VIDA

En el Proceso de Historia de Vida la meta es el autodescubrimiento a través de identificar los patrones de tus éxitos y fracasos. Un proverbio antiguo que dice: "Si no sabes quién eres, acabarás siendo otra persona". Es cierto. Cuando tenías unos 10 o 12 años, estoy seguro de que no pensabas que tu vida se convertiría en una lucha contra una adicción. Los viejos comportamientos de supervivencia aún te están afectando hoy en día. El ejercicio de historia de vida revela patrones que han saboteado tus metas, esfuerzos de recuperación, relaciones, trabajos, educación, etc.- sea consciente o inconscientemente. Son estos patrones destructivos los que te han impedido tener la vida que deseas y ser el tipo de persona que siempre has querido ser. Estas tendencias contraproducentes no solo sucedieron; alguien te los enseñó. Comenzando con tus primeros recuerdos de la infancia, haz un seguimiento no solo de lo que has hecho, sino también de cómo lo hiciste y quién te enseñó a hacerlo de esa manera.

"La palabra de Dios tiene vida y poder. Es más aguda que cualquier espada de dos filos; penetra hasta los más íntimo de la persona, y somete a juicio los pensamientos y las intenciones del corazón."
—Hebreos 4:12 (BDHH)

PENSAMIENTO *clave*

Nada desaparece hasta que se resuelve.

Instrucciones: Puede que tratar de recordar lo que sucedió cuando eras joven sea difícil para ti. Aquí hay algunas formas útiles de asociar eventos con cuándo sucedieron:

- La forma más fácil de recordar los eventos de tu infancia y cuándo sucedieron es preguntar a las personas que estuvieron allí (como tu madre, padre, hermanos, parientes o incluso amigos). Pregúntale a cualquiera con quien aún tienes contacto.
- Si eso no es posible, trata de asociar el tiempo con el entorno como la cuidad en la que vivías, la casa en la que vivías, qué tipo de automóvil conducían tus padres, en qué curso estabas, quién tu maestro ese año, con qué amigos jugabas, tus mascotas, accidentes que tuviste o cualquier otra cosa que puedas asociar con esa parte de tu vida.
- Recuerda cosas como vacaciones, juguetes, regalos y eventos traumáticos. ¿Qué temporada fue? ¿Cómo estuvo el clima? Las fotografías antiguas pueden ser útiles. Tus alimentos y aromas favoritos pueden ser útiles. Intenta dibujar el dormitorio o la cocina que recuerdas.

"Si mi padre y mi madre me abandonaran, tú me recibirías y me consolarías."
—Salmos 27: 10 (NBV)

EL CICLO DE DESCONFIANZA

El diagrama del ciclo de desconfianza te ayudará a ti y a tu consejero a entender tus patrones y de dónde provienen. En la página siguiente, mira a la parte del ciclo de desconfianza que empieza con necesidades infantiles no satisfechas, trauma o abuso. Puede que desconfías de la gente porque no podías fiar de las personas en tu vida o alomejor no eran capaces de cuidarte física o emocionalmente. Cuando escribes la historia de tu vida, no proteges a tus padres, tutores o cónyuges por minimizar lo que sucedió. Se lo más sincero posible y deja que tu consejero te ayuda a evaluar lo que te sucedió. Tu sinceridad en este proceso será importante en el Proceso 10.

Los niños nacen con necesidades. Cuando no se satisfacen sus necesidades, sienten rabia. La rabia es temor, impotencia, desesperanza e ira. Cuando sienten rabia, rechazan a las personas amurallándolas mediante el alejamiento, la falta de confianza, el comportamiento pasivoagresivo, la dependencia o independencia y el control. Este muro de rechazo les permite crear una personalidad de supervivencia autogratificante. Algunos de los rasgos de una personalidad de supervivencia son: actuar para llamar la atención, la adicción al sexo como sustituto de la intimidad y adicciones como el alcohol, las drogas, la comida, el azúcar, la cafeína, la nicotina o el trabajo para anestesiar el dolor. El aislamiento les impide desarrollar la confianza en Dios, en sí mismos y en los demás, lo que los deja con muchas necesidades insatisfechas y carentes de habilidades sociales. Esto es común en hogares abusivos o con alcohólicos o con niños enfermos, discapacitados o traumatizados. Vea el ejemplo a continuación. Adaptado de <u>Healthy Roots: Healing from Painful Relationships</u> de Patricia Fancher. Interchange Unlimited, 1988.

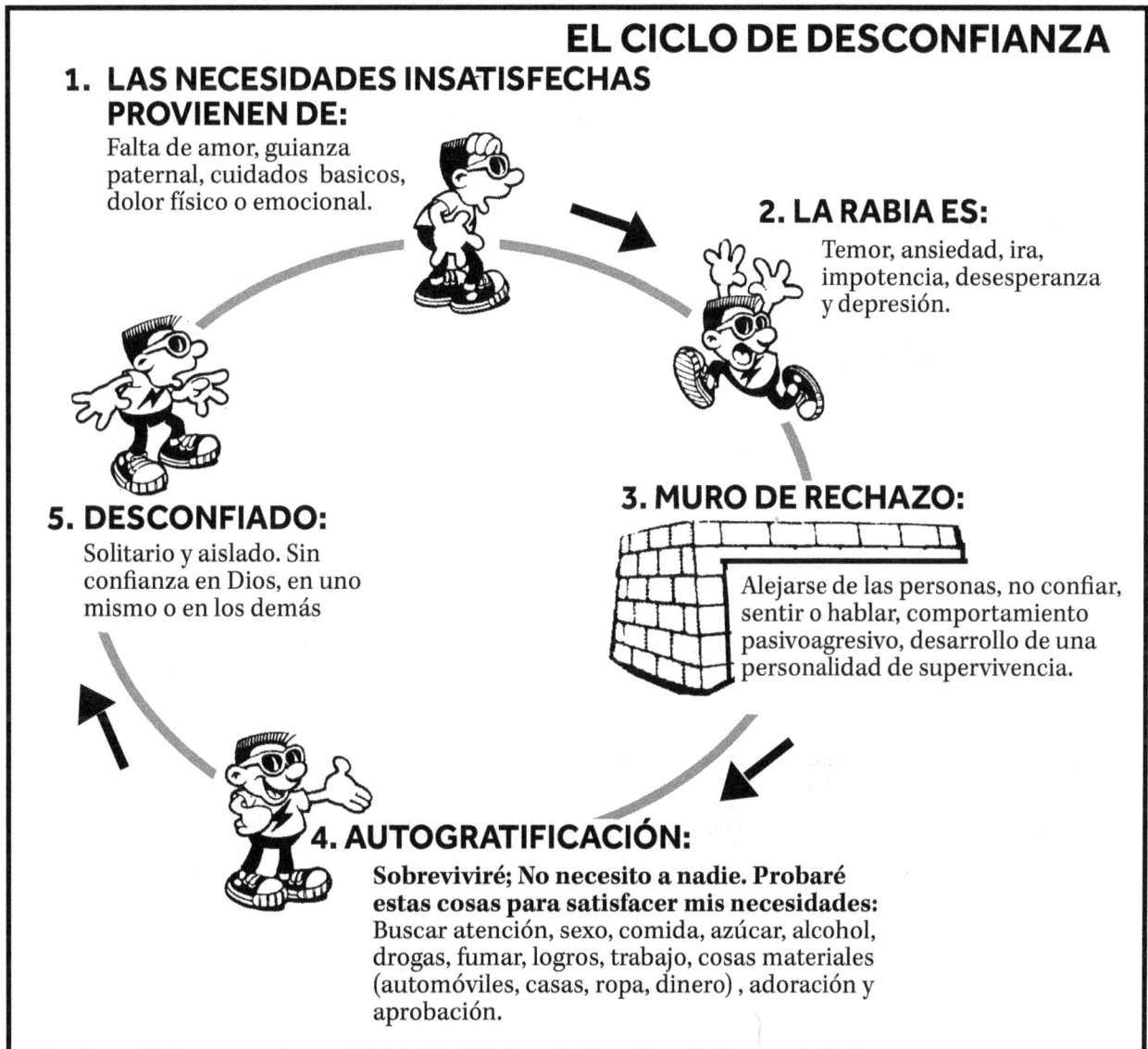

EL CICLO DE DESCONFIANZA

1. LAS NECESIDADES INSATISFECHAS PROVIENEN DE:

Falta de amor, guianza paternal, cuidados basicos, dolor físico o emocional.

2. LA RABIA ES:

Temor, ansiedad, ira, impotencia, desesperanza y depresión.

3. MURO DE RECHAZO:

Alejarse de las personas, no confiar, sentir o hablar, comportamiento pasivoagresivo, desarrollo de una personalidad de supervivencia.

4. AUTOGRATIFICACIÓN:

Sobreviviré; No necesito a nadie. Probaré estas cosas para satisfacer mis necesidades: Buscar atención, sexo, comida, azúcar, alcohol, drogas, fumar, logros, trabajo, cosas materiales (automóviles, casas, ropa, dinero), adoración y aprobación.

5. DESCONFIADO:

Solitario y aislado. Sin confianza en Dios, en uno mismo o en los demás

Use las fichas de tu Historia de Vida en las siguientes páginas para ayudarte a explorar cómo se originaron tus patrones de adicción. Si te ves en este ciclo de desconfianza, explora el abuso o trauma de tu primera infancia. Aprender a confiar requiere abandonar tu personalidad de supervivencia y arriesgar la vulnerabilidad y la interacción con los demás, en lugar de la auto gratificación. Asegúrate de hablar de esto con tu consejero.

EJEMPLO DE HISTORIA DE VIDA

Refiere al siguiente ejemplo como modelo para hacer este ejercicio. Consulta las instrucciones en la página 102. Intenta recordar el resultado de ese evento. Rellena la siguiente columna, "Notas", más tarde con tu consejero/a. Te ayudarán a llenar cualquier brecha en tu autodescubrimiento. Piensa en los eventos en períodos de 5 años a la vez. Una vez que has completado todo lo que puedas para ese período, sigue adelante con cada edad. El evento y el efecto son más importantes que la edad o la fecha exacta. Algunas de las categorías importantes en las que querrás anotar son:

- Cambios en tu familia
- Nacimientos y muertes
- Eventos al momento del nacimiento
- Divorcios
- Historial de abuso
- Escuelas
- Buenos y malos maestros
- Traumas y accidentes

- Cambios en trabajos, promociones o pérdida de trabajo
- Intentos a la recuperación
- Actividad criminal
- Aniversarios de muertes y rupturas de relaciones
- Festividades (sobre todo Navidad) de abuso
- Relaciones adultas, éxitos y fracasos
- Problemas de aprendizaje

En otras palabras, reflexiona sobre toda tu vida y registra cualquier evento que haya sido lo suficientemente traumático o dramático como para cambiar tus creencias, tu forma de pensar, tu comportamiento, tu capacidad para confiar en otras personas y tu imagen de ti mismo o de los demás. Deje que tu consejero te ayude a decidir qué eventos son significativos y cuáles no.

EDAD	MES/AÑO	EVENTO	EFECTO EN TI	NOTAS (BRECHAS)
Nacimiento		Nacimiento prematuro. Hospitalizado por un mes	Trauma me sentí rechazado, temoroso	Desconfianza
3 años		Padres divorciaron	Confundido	Abandono, culpa, me eché la culpa
6 años		Mudanza a otra ciudad	Pérdida de amigos	Temor
10 años		Violado por padrastro	Vergüenza, ira	Secretos, aislamiento
13 años		Empecé a consumir alcohol y marihuana.	Problemas en la escuela	Cambiar de escuelas
20 años		Casado	Abusivo hacia mi conyuge, aumento en uso de drogas	La ira y el miedo: es necesario tener el control
21 años		Divorcio, conducir borracho	Cárcel, primer intento a la recuperación	Motivación cuestionable, insincero, intenté con mi fuerza de voluntad
22 años		Nueva relación	Recaída	Saboteé mis sistemas de apoyo

HISTORIA DE VIDA: 0 - 5 AÑOS

Recuerda, completarás la columna Brechas con tu consejero.

EDAD	MES/AÑO	EVENTO	EFECTO EN TI	NOTAS (BRECHAS)
Nacimiento				
1 año				
2 años				
3 años				
4 años				
5 años				

HISTORIA DE VIDA: 6 - 10 AÑOS   Recuerda, completarás la columna Brechas con tu consejero.

EDAD	MES/AÑO	EVENTO	EFECTO EN TI	NOTAS (BRECHAS)
6 años				
7 años				
8 años				
9 años				
10 años				

HISTORIA DE VIDA: 11 - 15 AÑOS Recuerda, completarás la columna Brechas con tu consejero.

EDAD	MES/AÑO	EVENTO	EFECTO EN TI	NOTAS (BRECHAS)
11 años				
12 años				
13 años				
14 años				
15 años				

HISTORIA DE VIDA: 16 - 20 AÑOS   Recuerda, completarás la columna Brechas con tu consejero.

EDAD	MES/AÑO	EVENTO	EFECTO EN TI	NOTAS (BRECHAS)
16 años				
17 años				
18 años				
19 años				
20 años				

HISTORIA DE VIDA: 21 - 30 AÑOS

Recuerda, completarás la columna Brechas con tu consejero.

EDAD	MES/AÑO	EVENTO	EFECTO EN TI	NOTAS (BRECHAS)
21 a 23 años				
24 a 25 años				
26 a 27 años				
28 a 29 años				
30 a 31 años				

HISTORIA DE VIDA: 31 - 40 AÑOS Recuerda, completarás la columna Brechas con tu consejero.

EDAD	MES/AÑO	EVENTO	EFECTO EN TI	NOTAS (BRECHAS)
32 a 33 años				
34 a 35 años				
a 37 años				
a 39 años				
a 41 años				

HISTORIA DE VIDA: 41 - 50 AÑOS

Recuerda, completarás la columna Brechas con tu consejero.

EDAD	MES/AÑO	EVENTO	EFECTO EN TI	NOTAS (BRECHAS)
42 a 43 años				
44 a 45 años				
46 a 47 años				
48 a 49 años				
50 a 51 años				

HISTORIA DE VIDA: 51 - 60 AÑOS   Recuerda, completarás la columna Brechas con tu consejero.

EDAD	MES/AÑO	EVENTO	EFECTO EN TI	NOTAS (BRECHAS)
52 a 53 años				
54 a 55 años				
56 a 57 años				
58 a 59 años				
60 a 61 años				

RESUMEN DE EVENTOS IMPACTANTES

INSTRUCCIONES: Rellena el Resumen De Eventos Impactantes utilizando las secciones de las fichas de tu Historia de vida. Considera todos tus comportamientos de auto sabotaje, tales como: comida, sexo, relaciones, trabajar en exceso, juegos de azar, gastos excesivos o abuso de sustancias y otros traumas.

EDAD	EVENTO IMPACTANTE	¿CÓMO LO LIDIASTE CON ESTO?	¿ESTO CÓMO TE AFECTA HOY?

RESUMEN DE TU HISTORIA DE VIDA

1. ¿Qué papel jugaron las adicciones en tu familia? _____

_____

_____

2. ¿Qué inició tus adicciones y cuáles eran? _____

_____

_____

3. ¿Qué eventos aumentaron tus adicciones? _____

_____

_____

4. ¿Qué eventos sabotearon tus intentos de recuperar? _____

_____

_____

5. ¿Contra qué te ayudaban enfrentar tus adicciones? _____

_____

_____

6. ¿Cómo afectaron tus adicciones a tus relaciones?_____

_____

_____

7. ¿Cómo afectaron tus adicciones a tus trabajos? _____

_____

_____

8. ¿Cómo afectaron tus adicciones a tu educación? _____

_____

_____

9. ¿Cómo afectaron las adicciones a tus objetivos? _____

_____

_____

Notas: _____

_____

_____

RESOLVIENDO PÉRDIDA: LUTO Y PERDÓN

Tal vez este ejercicio de revisar tu historia de vida ha sido abrumador. Es posible que hayas experimentado muchos pensamientos y emociones reprimidos que tu adicción antes evitaba. Esta es una reacción normal para cualquiera que acaba de examinar toda su vida.

Es natural sentirte algo abrumado hasta que se resuelvan estos problemas. El viejo proverbio de que "el tiempo cura" no es preciso. El tiempo en sí mismo no cura. El tiempo te da la oportunidad de resolver las cosas pasando por ellas. Si tus emociones y pensamientos reprimidos empiezan a salir en este punto, es normal. Las cosas que les has hecho a los demás pueden hacer que experimentas vergüenza, culpa, remordimiento o ira. Hay dos formas de resolver la pérdida: el luto y el perdón. Los próximos dos ejercicios os ayudarán tanto a llorar como a perdonar. Haz ambos ejercicios y discútelos con tu consejero.

No te sorprendes si pensamientos acelerados, imágenes o sentimientos de viejos recuerdos vuelven a tu mente. Tendrás la tentación de lidiar con este estrés con volver a viejos patrones de comportamiento y formas anteriores de enfrentar. ¡No lo hagas! Es importante en este punto que actúes sobre lo que sabes en lugar de lo que sientes. Llama a tu consejero o mentor y habla sobre tus sentimientos.

Dios sabe por lo que tienes que pasar. Confía en Dios y busca personas que te pueden apoyar. Recuerda que Dios no te pondrá a prueba con más de lo que puedas soportar. Dios no promete eliminar nuestros temores o pruebas, pero lo que sí promete es estar a nuestro lado mientras los enfrentamos.

Es difícil mirar a tu pasado, porque temes que un río de lágrimas fluirá de una montaña de dolor, o que una vez que desbloqueas ese río, quizás nunca podrás detenerlo. El proceso del luto es un ciclo. Ponerte sano significa enfrentar las cosas que antes evitabas con comportamientos destructivos. El dolor no te matará, simplemente se siente así. Para normalizar tus sentimientos, lea "Las Fases del Luto" (KublerRoss) a continuación, comenzando con conmoción y negación, y terminando con aceptación:

"Aun si voy por valles tenebrosos, no temo peligro alguno porque tú estás a mi lado; tu vara de pastor me reconforta."
—Salmo 23:4 (NVIC)

"Sed fuertes y valientes. No temais ni os asusteis ante esas naciones, pues el Señor vuestro Dios siempre os acompañará; nunca os dejará ni os abandonará."
—Deuteronomio 31:6 (NVIC)

"Busqué al SEÑOR, y me respondió; me libró de todos mis temores."
—Salmo 34:4 (NVIC)

FASES DEL LUTO

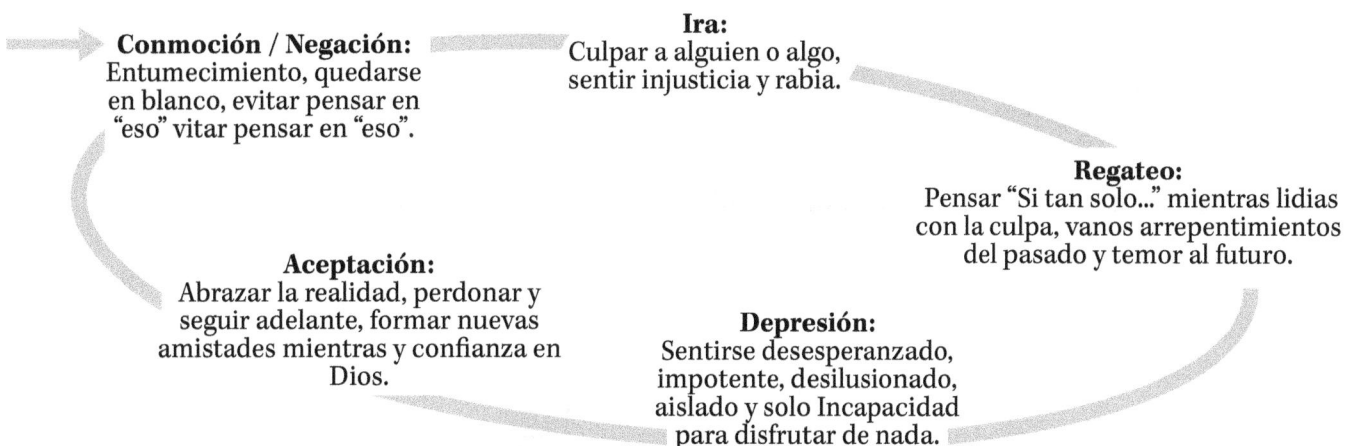

Conmoción / Negación:
Entumecimiento, quedarse en blanco, evitar pensar en "eso" vitar pensar en "eso".

Ira:
Culpar a alguien o algo, sentir injusticia y rabia.

Regateo:
Pensar "Si tan solo..." mientras lidias con la culpa, vanos arrepentimientos del pasado y temor al futuro.

Aceptación:
Abrazar la realidad, perdonar y seguir adelante, formar nuevas amistades mientras y confianza en Dios.

Depresión:
Sentirse desesperanzado, impotente, desilusionado, aislado y solo Incapacidad para disfrutar de nada.

NOTAS DEL LUTO

INSTRUCCIONES: La culpa y el dolor no resueltos pueden hacer que sientas vergüenza, de lo cual debes hablar con tu consejero. Hay que lamentar las pérdidas para que se resuelven. Contesta las siguientes preguntas y habla con tu consejero sobre las respuestas.

Estoy en la etapa de conmoción y negación del luto por... (en lo que evito pensar):

_____

_____

_____

Estoy en la etapa de ira del luto por... (culpar a alguien o algo):

_____

_____

_____

Estoy en la fase de regateo del luto por... (sentirme culpable por):

_____

_____

_____

Estoy en la fase de depresión de duelo por... (sentirme desesperanzado y decepcionado por):

_____

_____

_____

Estoy en la fase de aceptación del luto por... (perdonar y seguir adelante, enfrentar la realidad):

_____

_____

_____

GENTE QUE NECESITO PERDONAR

INSTRUCCIONES: Haz una lista de las personas que necesitas perdonar y lo que te hicieron.

Persona que me hizo daño:	Por lo que necesito perdonarla:

PERSONAS POR LAS QUE NECESITO SER PERDONADO

INSTRUCCIONES: Haz una lista de lo que te arrepientas de haber hecho y de lo que le pedirás a Dios que te perdone.

A quién le hice daño:	De lo que me arrepiento y quiero perdón:

CIERRE DEL PROCESO

INSTRUCCIONES: Contesta las siguientes preguntas para compartir con tu consejero.

¿Qué nuevos conocimientos aprendiste durante este Proceso? _____

_____

_____

_____

¿En qué necesitas trabajar? _____

_____

_____

_____

Haz una lista de las personas que estás dispuesto a perdonar y las cosas por las que te gustaría que Dios te perdonara. Pídele a tu consejero que ore por ti. _____

_____

_____

_____

TAREA: APLICACIÓN A LA VIDA:

Escribe una carta sobre tus pérdidas. También pídele a alguien en quien confíes que te lea la carta. Comparta la carta con tu grupo de apoyo Génesis.

VERSÍCULO DE MEMORIA PARA LA:

Elije uno de los siguientes versículos para memorizar:

"Escucha el consejo y acepta la corrección, y llegarás a ser sabio."
— Proverbios 19:20 (NVIC)

"Cuando falta el consejo, fracasan los planes; cuando abunda el consejo, prosperan." *—Proverbios 15:22 (NVIC)*

"Procuremos ayudarnos unos a otros a tener más amor y hacer el bien. No dejemos de asistir a nuestras reuniones, como hacen algunos, sino que vemos que el día del Señor se acerca." animémonos unos a otros; tanto más cuanto que vemos que el día del Señor se acerca." — Hebreos 10:2425 (BDHH)

Versículo de memoria

Notas

PROCESO SEIS:
EQUIPOS DE APOYO

META DEL PROCESO: En este Proceso, con la ayuda de tu consejero aplicarás todo lo que has aprendido hasta ahora sobre ti y tu recuperación. Determina si actualmente estás en riesgo de recaída. Tu desafío será desarrollar un equipo de apoyo saludable.

SITUACIONES PELIGROSAS

ESCENARIOS ACTUALES DE RECAÍDA

EQUIPO DE INTERVENCIÓN SANA

SITUACIONES PELIGROSAS
Enumerarás cuatro situaciones peligrosas que utilizarás en las fichas de la siguiente sección.

ESCENARIOS ACTUALES DE RECAÍDA
Usando la terminología de la Escala PATEAR, describirás tus cuatro situaciones peligrosas que podrían llevarte a recaer

EQUIPO DE APOYO DE INTERVENCIÓN SANA
Elegirás a un asesor spiritual, mentor de recuperación y un familiar o amigo ante quienes serás responsable para rendir cuentas

Notas

SITUACIONES PELIGROSAS

En este Proceso, pondrás en práctica todo lo que has aprendido sobre ti mismo y la recuperación. Terence Gorski, autor de "Staying Sober" y muchos otros libros de prevención de recaídas, enseña que *"al centro de la prevención de recaídas es hacer un plan en un momento de cordura para un momento de locura." **Una crisis puede ser un punto de inflexión, el momento decisivo entre lo mejor y lo peor.*** Un plan de intervención de crisis puede convertir un comportamiento autodestructivo y contraproducente en una experiencia de aprendizaje positiva.

En la primera parte de este capítulo, identifica cualquier escenario de recaída actual o situaciones en tu vida de alto riesgo. Escribe en lápiz porque cuando reúnes con tu consejero, él / ella podría ayudarte a aclarar tu pensamiento y podrías hacer cambios para evitar situaciones de alto riesgo. Revisa el Proceso 5. Busca los eventos del pasado que te hicieron reaccionar de forma exagerada y sabotearte a ti mismo. Estas situaciones pueden ser **escenarios de alto riesgo** para ti. Recuerda que la mayoría de las recaídas son causadas por relaciones (página 4).

INSTRUCCIONES: Identifica cuatro escenarios actuales de recaída de alto riesgo que podrían ser peligrosas para tu recuperación.

Escenario de recaída 1 _____

_____

_____

_____

Escenario de recaída 2 _____

_____

_____

_____

Escenario de recaída 3 _____

_____

_____

_____

Escenario de recaída 4 _____

_____

_____

_____

EJEMPLO: ESCENARIOS ACTUALES DE RECAÍDAS

INSTRUCCIONES: Completa una ficha de Escenario De Recaída Actual para cada una de tus cuatro Escenarios De Recaída. Utiliza el ejemplo de esta página. No olvidas escribir con lápiz.

1.	Describa el escenario de recaída actual: *Tener novia*
2.	¿Por qué esto ha sido peligroso antes? *Ignoro todo lo demás y me obsesiono con ella.*
3.	Potencial de recaída que me provoca: Alto [X] Medio [ ] Bajo [ ]
4.	Completa el formulario a continuación utilizando la Escala de Concientización de Recaída PATEAR y describe una "Secuencia de Recaída Seca".

P	PRIORIDADES OLVIDADAS: *Dejé mis responsabilidades; la dejé planear todo; Gasté el dinero de mi alquiler en citas. No hablé con nadie sobre la relación; mentir.*
A	ANSIEDAD: *Preocupación por lo que está pensando y sintiendo; celos.*
T	TOMAR VELOCIDAD: *No me cuido a mí mismo; pasar todo mi tiempo con ella; no la puedo decir "no"; no puedo relajarme.*
E	ENOJADO: *Enfadado; cada vez más posesivo; controlador; reaccionar de forma exagerada a las cosas en el trabajo y los amigos; a la defensiva sobre esta relación; aislado.*
A	AGOTADO: *Cansado, me quedo demasiado tarde con ella; estresado no puede lidiar; no puedo controlarlo todo; pensar en mis viejos amigos; deprimido.*
R	RECAÍDA: *Fui al bar del hotel y beber; me encontré con viejos amigos ; la llamé y le pedí ayuda.*

5.	¿Qué estoy negando que apoya esta secuencia de recaída seca? *Mi recuperación puede esperar y puedo concentrarme en esta relación y estar bien. Esta relación no es asunto de nadie más.*
6.	¿Cómo puedes evitar que este escenario conduzca a una recaída? *Con responsabilidad y redición de cuentas por mis pensamientos y acciones, para que mantenga mis prioridades y compromisos. Puedo ponerme en contacto con mi equipo de apoyo para comprobar mi forma de pensar y hablar con otros sobre la relación.*

ESCENARIO ACTUAL DE RECAÍDA #1

INSTRUCCIONES: Refiere al ejemplo como guía y completa cada escenario con lápiz. Tu consejero repasará cada uno contigo en tu próxima sesión.

1. Describa el escenario de recaída actual: _____

2. ¿Por qué esto ha sido peligroso antes? _____

3. Potencial de recaída que me provoca: Alto ☐ Medio ☐ Bajo ☐

4. Completa el formulario a continuación utilizando la Escala de Concientización de Recaída PATEAR y describe una "secuencia de recaída seca".

P	PRIORIDADES OLVIDADAS: _____ _____
A	ANSIEDAD: _____ _____
T	TOMAR VELOCIDAD: _____ _____
E	ENOJADO: _____ _____
A	AGOTADO: _____ _____
R	RECAÍDA: _____ _____

5. ¿Qué estoy negando que apoya esta secuencia de recaída seca?_____ _____

6. ¿Cómo puedes evitar que este escenario conduzca a una recaída? _____ _____

ESCENARIO ACTUAL DE RECAÍDA #2

INSTRUCCIONES: Refiere al ejemplo como guía y completa cada escenario con lápiz. Tu consejero repasará cada uno contigo en tu próxima sesión.

1. Describa el escenario de recaída actual: _____

2. ¿Por qué esto ha sido peligroso antes? _____

3. Potencial de recaída que me provoca: Alto ☐   Medio ☐   Bajo ☐

4. Completa el formulario a continuación utilizando la Escala de Concientización de Recaída PATEAR y describe una "secuencia de recaída seca".

P	PRIORIDADES OLVIDADAS: _____ _____	
A	ANSIEDAD: _____ _____	
T	TOMAR VELOCIDAD: _____ _____	
E	ENOJADO: _____ _____	
A	AGOTADO: _____ _____	
R	RECAÍDA: _____ _____	

5. ¿Qué estoy negando que apoya esta secuencia de recaída seca?_____
 _____

6. ¿Cómo puedes evitar que este escenario conduzca a una recaída? _____
 _____

ESCENARIO ACTUAL DE RECAÍDA #3

INSTRUCCIONES: Refiere al ejemplo como guía y completa cada escenario con lápiz. Tu consejero repasará cada uno contigo en tu próxima sesión.

1. Describa el escenario de recaída actual: _____

2. ¿Por qué esto ha sido peligroso antes? _____

3. Potencial de recaída que me provoca: Alto ☐   Medio ☐   Bajo ☐

4. Completa el formulario a continuación utilizando la Escala de Concientización de Recaída PATEAR y describe una "secuencia de recaída seca".

P	PRIORIDADES OLVIDADAS: _____
A	ANSIEDAD: _____
T	TOMAR VELOCIDAD: _____
E	ENOJADO: _____
A	AGOTADO: _____
R	RECAÍDA: _____

5. ¿Qué estoy negando que apoya esta secuencia de recaída seca?_____

6. ¿Cómo puedes evitar que este escenario conduzca a una recaída? _____

© Genesis Process - Dye

ESCENARIO ACTUAL DE RECAÍDA #4

INSTRUCCIONES: Refiere al ejemplo como guía y completa cada escenario con lápiz. Tu consejero repasará cada uno contigo en tu próxima sesión.

1. Describa el escenario de recaída actual: _____

2. ¿Por qué esto ha sido peligroso antes? _____

3. Potencial de recaída que me provoca: Alto ☐   Medio ☐   Bajo ☐

4. Completa el formulario a continuación utilizando la Escala de Concientización de Recaída PATEAR y describe una "secuencia de recaída seca".

P   PRIORIDADES OLVIDADAS: _____

_____

A   ANSIEDAD: _____

_____

T   TOMAR VELOCIDAD: _____

_____

E   ENOJADO: _____

_____

A   AGOTADO: _____

_____

R   **RECAÍDA:** _____

_____

5. ¿Qué estoy negando que apoya esta secuencia de recaída seca?_____

6. ¿Cómo puedes evitar que este escenario conduzca a una recaída? _____

_____

CARTA DE COMPROMISO

INSTRUCCIONES: Escribe una carta que describe tu compromiso a la recuperación. Incluye las consecuencias negativas de las recaídas o de consumir en estas tres áreas: espiritual, relacional y personal. Incluye cómo una recaída te afecta a ti, a los demás y a tus metas. Escribe lo que necesitas hacer para proteger tu recuperación y las recompensas positivas de estar en recuperación.

_____

_____

_____

_____

_____

_____

_____

_____

_____

_____

_____

_____

_____

_____

_____

_____

_____

_____

_____

_____

_____

_____

En las páginas a continuación, aprenderás a crear un Plan de Intervención de Crisis utilizando tus Escenarios de Recaída.

EL PLAN DE INTERVENCIÓN EN CRISIS

Ahora que has identificado cuatro escenarios de recaída actuales, es hora de hacer algo al respecto. Ahora es cuando lo "ponemos en marcha". Esta parte también podría ser la más difícil del Proceso, la parte que requiere más valentía.

Pedir ayuda a otros puede parecer normal y fácil para algunas personas, pero para las que han caído en la adicción, no lo es. Tus adicciones prosperan en el secreto y la vergüenza. Es posible que te hayan lastimado muchas veces al confiar en otras personas, o por ser vulnerable y traicionado. Podrías estar en un doble dilema ahora mismo. Si confías en las personas, te vuelves vulnerable y puedes lastimarte. Si no confías en las personas, te aíslas y el aislamiento conduce a la recaída.

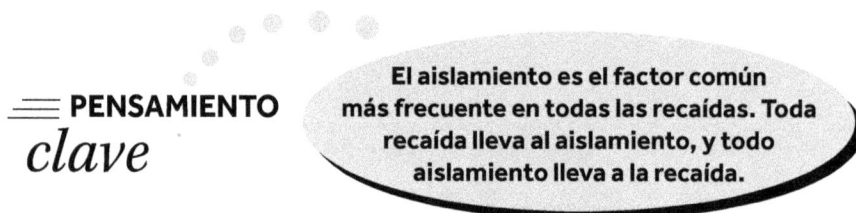

≡ **PENSAMIENTO** *clave*

> El aislamiento es el factor común más frecuente en todas las recaídas. Toda recaída lleva al aislamiento, y todo aislamiento lleva a la recaída.

La soberbia es el enemigo número uno de la recuperación, porque te impide pedir ayuda, lo que te lleva al aislamiento, y el aislamiento te lleva a la recaída. La soberbia dice: "Puedo enfrentar las cosas solo", pero la humildad pide ayuda. El verdadero secreto de la recuperación es que es un regalo de Dios que nos ha sido dado por gracia. Proverbios 16:18 dice:

"Dios se opone a los soberbios, pero da gracia a los humildes."
—1 Pedro 5:5 (NVIC)

"El orgullo va antes de la destrucción".

Muchos clientes temen tener que pedir ayuda y usan la excusa: "Confío en Dios, pero no confío en las personas". Cuando le pides ayuda a Dios, a menudo Él responde esas oraciones a través de las personas. Si tienes una relación con Dios y confías en Él, podrás verlo obrar a través de las personas y aceptar su ayuda.

EQUIPO DE INTERVENCIÓN SANA

Un plan de recuperación efectivo es tener a alguien que sea un asesor espiritual, un mentor de recuperación, y un familiar, un amigo o un consejero para formar un Equipo de Intervención Sana para asegurar la rendición de cuentas. Estas personas ayudarán a no aislarte y a tomar decisiones sabias en estas áreas de alto riesgo: conducta compulsiva, morales, valores, y relaciones. Necesitarás personas que puedan ayudar a mantenerte responsable en tu recuperación. Debido a que todos luchan con estas áreas, las personas que elijas para apoyarte deberían tener éxito e integridad en cada área. Mira el ejemplo en la página siguiente para entender cómo deberías Intervención Sana. **La rendición de cuentas auténtica requiere renunciar al control y confiar en Dios y en los demás.**

"Por falta de deliberación, fracasan los planes, con muchos consejeros, se llevan a cabo."
—Proverbios 15:22 (LPD)

EQUIPO DE INTERVENCIÓN SANA

≡ **PENSAMIENTO**
clave

Las personas sanas pueden identificar lo que necesitan y pedirlo.

EJEMPLO: EQUIPO DE INTERVENCIÓN SANA

INSTRUCCIONES: Refiere al ejemplo a continuación para ayudarte completar las columnas. Pídele a Dios que te ayude y dé sabiduría para elegir un equipo de apoyo sano. Elige personas que te harán responsable en lugar de amigos fácilmente manipulables.

MIEMBRO DE EQUIPO DE APOYO	LO QUE NECESITO	A QUIEN VOY A PREGUNTAR Nombre, dirección y teléfono
Asesor Espiritual	Pastor Pérez: Te escogí porque necesito que me animes a hacer lo que Dios quiere, y que me hagas responsable de mi moral, valores y relaciones. ¿Puedo llamarte y vamos a comer?	Pastor Roberto Pérez C/ Camino de la Iglesia 123 Granada, 18001 Teléfono: 967 XXX XXX
Mentor de Recuperación	Pedro: Tú entiendes cómo piensan los adictos, y yo soy un adicto. Te elegí porque tienes 12 años de sobriedad y eres un ejemplar de la recuperación para mí. Necesito poder llamarte y decirte cuándo quiero beber o comsumir. Tendré que trabajar los 12 pasos contigo y tener una reunión semanal contigo.	Pedro García C/ Recuperación 28, 1D Granada, 18002 Teléfono: 967 XXX XXX (casa) 684 XXX XXX (móvil) Email: p.garcia@procgen.com
Familia o Amigio	Juan: Te elegí porque siempre has estado allí para mí. Necesito a alguien con quien pasar el rato. Eres un buen amigo y no me juzgas. ¿Puedo llamarte cuando me aburra y necesite un amigo?	Juan Derecho Urb. Lugar de la Amistad 11 Granada, 18003 Teléfono: 967 XXX XXX

EQUIPO DE INTERVENCIÓN SANA

≡ PENSAMIENTO
clave

Lo opuesto al aislamiento es la rendición de cuentas. Rendir cuentas responsablemente es la clave para la recuperación a largo plazo y el crecimiento personal.

INSTRUCCIONES:
1. Completa la ficha abajo tu mismo, con lápiz.
2. Hablalo con tu consejero.
3. Visita a cada miembro del equipo de apoyo y revisa la columna "Lo que necesito" con ellos. Infórmeles que tu consejero los llamará.
4. Firma la "Divulgación de Información" en el Capítulo Uno, página 27.

MIEMBRO DE EQUIPO DE APOYO	LO QUE NECESITO	A QUIEN VOY A PREGUNTAR Nombre, dirección y teléfono
Asesor Espiritual		
Mentor de Recuperación		
Familia o Amigio		

CIERRE DEL PROCESO

¿Qué nuevos conocimientos aprendiste durante este Proceso?

_____

_____

_____

_____

_____

¿En qué necesitas trabajar?

_____

_____

_____

_____

_____

Pídele a tu consejero que ore contigo acerca de:

_____

_____

_____

_____

_____

TAREA: APLICACIÓN A LA VIDA

Ahora que se has elegido un Equipo de Intervención Sana, llámalos o visítalos semanalmente. Infórmales que tu consejero se comunicará con ellos para alentarlos a brindarte apoyo habitual adecuado.

VERSÍCULO DE MEMORIA PARA LA PRÓXIMA SESIÓN

*"No entiendo lo que me pasa,
pues no hago lo que quiero, sino
lo que aborrezco." —Romanos
7:15 (NVIC)*

Versículo de memoria

Notas

PROCESO SIETE:
SIN SALIDAS

META DEL PROCESO: Aprenderás a entender cómo tus pensamientos, sentimientos y comportamientos subconscientes han contribuido a tus recaídas. El nuevo conocimiento conduce a nuevas elecciones y

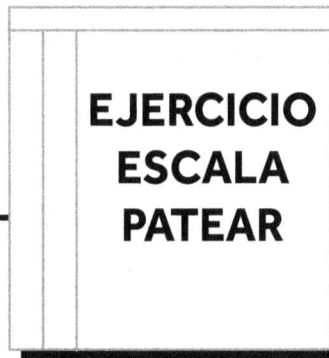

ESCALETA DE RECAÍDAS

EJERCICIO ESCALA PATEAR

ESCALETA DE ADICCIONES
Eventos o comportamientos que conducen a recaer

EJERCICIO ESCALA PATEAR

GUIONES SIN SALIDAS

GUIONES SIN SALIDAS
Evaluación Escenarios de Recaída: 2 de recuperación, 1 de relaciones y 1 de éxito / fallo

GUION DE CINE

GUION DE CINE
Combinarás tus Guiones Sin Salidas en un "guion de cine"

GUIONES SIN SALIDAS

"El Espíritu del Señor está sobre mí, por cuanto me ha ungido para anunciar buenas nuevas a los pobres. Me ha enviado a proclamar libertad a los cautivos y dar vista a los ciegos, a poner en libertad a los oprimidos, a pregonar el año del favor del Señor".
—Lucas 4: 18-19 (NVIC)

En este Proceso, descubrirás cómo saboteas tus intentos de ser una persona saludable con la recaída. Un "Callejón Sin Salida" resultará en no tener un plan o mapa de por qué camino vas. En este Proceso descubrirás los pensamientos, comportamientos y patrones subconscientes que te han impedido convertirte en la persona que siempre has querido ser. "Guiones Sin Salidas" son como tomar un viaje sin mapa, terminan en un callejón sin salida y tienes que dar la vuelta y empezar de nuevo. Cuando eras niño, si alguien te preguntaba qué querías ser de mayor, ninguno habría dicho - "Un adicto luchando con recaídas repetitivas." Acabaste siendo alguien que no querías ser en una estación de la vida donde no querías estar. ¿Qué ha pasado?

Una persona saludable resuelve problemas buscando continuamente trabajar para resoluciones que traen paz. Las personas sanas disfrutan de tener una conciencia tranquila porque resuelven sus conflictos y problemas. **Las personas compulsivas y adictas aprenden a evitar pensamientos, sentimientos y situaciones incómodos al anestesiar su conciencia de los problemas.** Al obtener una nueva comprensión, podras tomar nuevas decisiones para resolver tus miedos y problemas en lugar de evitarlos.

≡ **PENSAMIENTO**
clave

La cosa correcta de hacer suele ser la más difícil.

"Por lo tanto, no os angustiéis por el mañana, el cual tendrá sus propios afanes. Cada día tiene ya sus problemas."
—Mateo 6: 34 (NVIC)

"No nos cansemos de hacer el bien, porque a su debido tiempo cosecharemos si no nos damos por vencidos."
—Gálatas 6: 9 (NVIC)

Tú tienes tus recuerdos, y tu consejero tiene el conocimiento. Entre los dos, podéis discernir tus patrones de recaída subconscientes por estudiar tu "Escaleta de Recaídas" y crear "Guiones Sin Salida" mirando a los acontecimientos anteriores que llevaron a la recaída. El "Guion de Cine" es para aquellos a quienes les va mejor escribir una historia continua. Muchos clientes experimentan temor al hacer este proceso porque se dan cuenta de que tendrán que abandonar sus maneras actuales de enfrentar las situaciones previas a la recaída o sus mecanismos para evitar sus pensamientos, sentimientos y situaciones negativas. Sin los comportamientos antiguos (por ejemplo comprar cosas o comer en exceso) tienes que enfrentar tus problemas y los sentimientos que los acompañan. Para muchos de vosotros, será la primera vez que os enfrentéis a estos problemas conscientemente. Tu relación con Dios y la gente que has elegido para tu equipo de apoyo te ayudará a enfrentar lo que nunca has enfrentado antes porque no estarás solo. En Romanos 8:28, Pablo nos recuerda: "Dios dispone todas las cosas para el bien de quienes lo aman, los que han sido llamados de acuerdo con su propósito." En el Nuevo Testamento, Dios promete nunca abandonarnos. Hacer lo correcto es agradable a Dios y resulta en una conciencia tranquila.

PREGUNTAS DE REFLEXIÓN

1. ¿Qué hacen las personas sanas al enfrentar sus problemas? _____

_____

2. ¿Qué hacen los adictos al enfrentar sus problemas? _____

_____

EJEMPLO: ESCALETA DE RECAÍDA

INSTRUCCIONES:
• **Recuerda los últimos 10 - 15 años de hechos que han motivado tus adicciones o recaídas.**
• **Enumera los comportamientos que sabotean tu éxito en tu trabajo, escuela, relaciones, y recuperación.**
• **Empieza con la fecha más antigua de tus adicciones**

EJEMPLO ESCALETA DE ADICCIONES	
Edad	Hecho
13	Expulsado del cole por fumar marijuana y cigarrillos
15	Detenido por posesión de marijuana
18	Consumir alcohol a diario — fuera de control
	Primer delito de alcoholemia, 3 meses de cárcel
21	Cocaína en fiesta, mas alcohol
25	Detenido, condenado a 6 meses de tratamiento externo
27	Detenido por vender cocaína: 1 año de cárcel
28	Ingresado en Rehabilitación Residencial — 2 meses del año
	Despertar Espiritual
30	Uso intravenosa de heroína, Hepatitis C
33	Sin hogar, enfermo, en tratamiento actual

EJEMPLO ESCALETA VIDA EN CRISIS	
Edad	Hecho
10	Molestado por tío
12	Padres divorciados, mi primera novia
13	Los estudios van mal, bajan las notas. Problemas con madre, maestros, autoridades
16	Centro de menores, escuela alternativa, pornografía, prostitutas
18	Sobredosis de mejor amigo: pastillas + alcohol. Alcohol afuera de control, cárcel
21	Casado. 1º hijo. Trabajo intermitente. Pornografía, prostitutas
25	Detenido. Esposa me divorcia. No puedo pagar la manutención
27	Detenido por violencia doméstico, acosar novia bajo los efectos de cocaína
28	Dejar rehabilitación, 15 meses de sobriedad. Asistir a N.A. e Iglesia. Pornografía y sexo siguen siendo problemas.
30	Novia nueva, nos casamos. Esposa me presenta a heroína, contrato Hepatitis C
33	Esposa detenida, condenada 3 años de cárcel, drogado, viviendo en la calle

ESCALETA DE ADICCIÓNES

INSTRUCCIONES:
• **Recuerda los últimos 10 - 15 años de hechos que han motivado tus adicciones o recaídas**
• **Enumera los comportamientos que sabotean tu éxito en tu trabajo, escuela, relaciones, y recuperación.**
• **Empieza con la fecha más antigua de tus adicciones**

Edad	Hecho

ESCALETA DE CRISIS

Crisis en familia, relaciones románticas, comportamiento sexual, escuela o trabajo, y traumas

INSTRUCCIONES:
Recuerda los últimos 10 a 15 años de crisis en la familia, las relaciones románticas, el comportamiento sexual, la escuela o el trabajo, y eventos traumáticos.

Edad	Hecho

Notas

ESCALA DE CONCIENTIZACIÓN DE RECAÍDAS "PATEAR" (FASTER Scale)

INSTRUCCIONES: Revisa tu manera de pensar refiriéndote a esta escala. Es posible que estés experimentando solo un Incidente en vez de un patrón. Tener síntomas de recaída seca no significa que estés en un patrón de recaída. Encierre en un circulo los comportamientos con los que te identifiques ahora o en el pasado. Los síntomas repetitivos indican un patrón de recaída seca.

RECUPERACIÓN *(Cómo se ven las personas que están recuperando)*
Sin secretos actuales; resolver problemas; identificar miedos y sentimietos; mantener los compromisos a las reuniones, la oración, la familia, la iglesia, las personas, las metas y uno mismo; ser transparente; ser honesto; mantener contracto visual; tener contracto con otros; creciendo en las relaciones con Dios y con los demás; rendir de cuesntas

---

El Patrón de Recaída Seca
P – A – T – E – A – R

"P" = PRIORIDADES OLVIDADAS *(Negación; huir; cambios en lo que es importante; cómo pasas tu tiempo y cómo piensas)*
Secretos; aburrido; menos tiempo/energía para Dios, las reuniones y la iglesia; evitar el apoyo y las personas a quienes rindes cuentas; conversaciones superficiales; sarcasmo; aislamiento; cambios en tus metas; coqueteo; estar obsesionado con las relaciones; romper promesas/compromisos; descuidar a la familia; preocupación por las cosas materiales, la televisión o el entretenimiento; postergar; mentir; exceso de seguridad en ti mismo; esconder dinero.

"A" = ANSIEDAD *(Obtener energía de las emociones)*
Preocupación; usar blasfemias; tener miedo; estar resentido; repetir viejos pensamientos negativos; perfeccionismo; juzgar los motivos de los demás; hacer metas y listas que no puedes completar; mala planificación ; leer la mente de los demás; fantasía; masturbación; pornografía; rescate codependiente; problemas para dormir; problemas de concentración; buscar/crear drama; chismes; usar medicamentos de venta libre para controlar el dolor, el sueño y el peso.

"T" = TOMAR VELOCIDAD *(Acelerar, impaciencia, intentar huir de la depresión)*
Muy ocupado; trabajador obsesivo; no puedes relajar; conducir demasiado rápido; evitar desacelerar; sentir impulsado; apurado; no poder apagar los pensamientos; saltarse las comidas; comer compulsivamente (generalmente por la noche); gastar excesivamente; no poder identificar tus propios sentimientos/necesidades; pensamientos negativos repetitivos; irritable; poner excusas por "tener que hacerlo todo"; cambios de humor dramáticos; lujuria; demasiada cafeína; demasiado ejercicio; nerviosismo; dificultad para estar solo o con personas; dificultad para escuchar a los demás; evitar el apoyo.

"E" = ENOJADO *(Excitándose con la ira; agresión)*
Postergación que causa crisis con el dinero, el trabajo o las relaciones; sarcasmo; pensar en blanco y negro, todo o nada; sentirte solo, que nadie te entiende; reaccionar excesivamente; furia al volante; resentimientos constantes; alejar y culpar a los demás; aumento en aislamiento; autocompasión; discutir; irracionalidad, no puedes soportar la crítica; defensivo; la gente te evita; necesidad de tener la razón; problemas digestivos; dolores de cabeza; pensamientos obsesivos (atascados); no poder perdonar; sentirse grandioso (superior); intimidación; sentirse agresivo.

"A" = AGOTADO *(Sin energía; depresión)*
Deprimido; pánico; confundido; sin esperanzas; dormir demasiado o muy poco; no puedes lidiar con las circunstancias; abrumado; llorar "sin razón"; no puedes pensar; olvidadizo; pesimista; indefenso; cansado; adormecido / anestesiado; querer huir; ansias constantes por las viejas conductas adaptativas; pensar en usar drogas y alcohol; buscar antiguas personas y lugares insalubres; muy aislado; la gente está enfadada contigo; auto-abuso; pensamientos suicidas; sin metas; modo de supervivencia; no devolver llamadas telefónicas; Faltar al trabajo; irritabilidad; Sin apetito.

"R" = RECAÍDA *(Volver a ese lugar al que juraste que jamás volverías)*
Darte por vencido; fuera de control; perdido en y entregándote a tu adicción; mentirte a ti mismo y a otros; sentir que simplemente no puedes controlar nada sin tu conducta adaptativa, al menos por ahora. El resultado suele ser vergüenza, condenación, culpa y soledad.

PASO 1
PASO 2
PASO 3
PASO 4
PASO 5

RECAÍDA SECA

RECAÍDA AGUDA

EJEMPLO: GUION SIN SALIDA EJERCICIO DE EVALUACIÓN

INSTRUCCIONES: El ejemplo a continuación muestra cómo evaluar una recaída. Toma nota de la parte inferior de cada cuadrado correspondiente a la Escala PATEAR. Haz este ejercicio con tu consejero; Completarás dos ejercicios de evaluación para tus adicciones y uno de vida en crisis de tus escaletas en las páginas 138 y 139.

EJEMPLO RECAÍDA EN RECUPERACIÓN

¿Qué sucedió el día tú recaída?	¿Qué estaba sucediendo 1 - 3 días antes?:
Me levanté sintiéndome cansado, no puedo funcionar. Llamé enfermo al trabajo, dormí hasta mediodía. No quiero hablar con nadie. Fui a comprar cigarrillos y alcohol. Fui al bar / burdel; compré cocaína y sexo.	*No puedo dormir. Siento mal, cansado, aburrido, confundido, no contesto el teléfono, veo mucha tele. Pienso sobre volver a Nueva York, viejos amigos, buenos tiempos. Estoy sin ánimo.*
(R) Recaí porque: *Compré alcohol, cocaína y sexo. Recaída duró 3 días.*	**(A) En agotamiento me siento:** *Deprimido, adormecido, cansado, confundido, hecho de menos a mis viejos amigos y emociones. Aislado / solo.*
¿Qué estaba sucediendo 4 - 7 días antes?:	¿Qué estaba sucediendo 7 - 14 días antes?:
Peleé con jefe, no me disculpo. Problemas estomacales, no puedo comer. Novia dice que "no soporta mi ira y cambios de humor", me deja. Me doy cuenta que no puedo pagar mis facturas.	*Novia no devuelve mis llamadas. Celoso. Bebo café todo el día, no como nada, me duele el estómago. Atracones de pizza y refrescos por la noche. No puedo dormir, uso pornografía y masturbación. Digo que "Todo está bien", Salgo cada noche- no puedo relajar.*
(E) Me enojé por: Crisis con dinero, trabajo, relaciones. Problemas digestivos, sobre reaccionar, aislado.	**(T) Tomo velocidad cuando:** *Salto comidas, doy atracones, mucha cafeína, irritabilidad, lujuria, alejar a la gente. Súper ocupado.*
¿Qué estaba sucediendo 14 - 30 días antes?:	¿Qué estaba sucediendo mientras en recuperación?:
Dejé de asistir a iglesia y grupos de recuperación, pienso que son hipócritas. Busco defectos en gente y les descarto. Gastar demasiado en ropa y novia. Obsesionado con las actividades y pensamientos de mi novia. Dolores de cabeza - uso Paracetamol. Preocupado por mi aspecto, fantasía sexual.	*Asistiendo a la iglesia y reuniones. Empezando a aburrirme. Pensando en volver a los estudio, ahorrando dinero. Encontrar novia nueva, tuvimos diversión y sexo. Escondo y miento sobre la relación. Siento como si ella es el respuesta a lo qué faltaba en mi vida.* **(R) No necesito reuniones.**
(A) Estaba ansioso sobre: *Juzgar a los demás, fantasía, codependencia de la novia, aumento de la masturbación, leer mentes, tomar medicamentos en exceso.*	**(P) Las prioridades que olvidé eran:** *Gastar, ahorrar- posponer la educación. Faltar a las reuniones ya la iglesia. Menos tiempo para Dios. Negación, cambiar metas, secretos, mentir.*

GUION SIN SALIDA EJERCICIO DE EVALUACIÓN   (FECHA_____)

INSTRUCCIONES:
• Transfiere los ejemplos de recaídas más fuertes de tu escaleta de recaídas de las páginas 138 y 139.
• Empieza con el momento que recaíste y trabaja en marcha atrás. Usa los ejemplos en la página 142.
• Usa un lápiz para completar esta hoja.

FRACASO DE RELACIÓN

¿Qué sucedió el día tú recaída?	¿Qué estaba sucediendo 1 - 3 días antes?:
(R) Recaí porque:	(A) En agotamiento me siento:
¿Qué estaba sucediendo 4 - 7 días antes?:	**¿Qué estaba sucediendo 7 - 14 días antes?:**
(E) Me enojé por:	(T) Tomo velocidad cuando:
¿Qué estaba sucediendo 14 - 30 días antes?:	**¿Qué estaba sucediendo mientras en recuperación?:**
(A) Estaba ansioso sobre:	(P) Las prioridades que olvidé eran:

GUION SIN SALIDA EJERCICIO DE EVALUACIÓN   (FECHA_____)

INSTRUCCIONES:
- Transfiere los ejemplos de recaídas más fuertes de tu escaleta de recaídas de las páginas 138 y 139.
- Empieza con el momento que recaíste y trabaja en marcha atrás. Usa los ejemplos en la página 142.
- Usa un lápiz para completar esta hoja.

FRACASO DE RELACIÓN

¿Qué sucedió el día tú recaída?	¿Qué estaba sucediendo 1 - 3 días antes?:
(R) Recaí porque:	(A) En agotamiento me siento:
¿Qué estaba sucediendo 4 - 7 días antes?:	¿Qué estaba sucediendo 7 - 14 días antes?:
(E) Me enojé por:	(T) Tomo velocidad cuando:
¿Qué estaba sucediendo 14 - 30 días antes?:	¿Qué estaba sucediendo mientras en recuperación?:
(A) Estaba ansioso sobre:	(P) Las prioridades que olvidé eran:

GUION SIN SALIDA EJERCICIO DE EVALUACIÓN (FECHA_____)

INSTRUCCIONES:
- Transfiere los ejemplos de recaídas más fuertes de tu escaleta de recaídas de las páginas 138 y 139.
- Empieza con el momento que recaíste y trabaja en marcha atrás. Usa los ejemplos en la página 142.
- Usa un lápiz para completar esta hoja.

FRACASO DE RELACIÓN

¿Qué sucedió el día tú recaída?	¿Qué estaba sucediendo 1 - 3 días antes?:
(R) Recaí porque:	(A) En agotamiento me siento:
¿Qué estaba sucediendo 4 - 7 días antes?:	**¿Qué estaba sucediendo 7 - 14 días antes?:**
(E) Me enojé por:	(T) Tomo velocidad cuando:
¿Qué estaba sucediendo 14 - 30 días antes?:	**¿Qué estaba sucediendo mientras en recuperación?:**
(A) Estaba ansioso sobre:	(P) Las prioridades que olvidé eran:

GUION SIN SALIDA EJERCICIO DE EVALUACIÓN   (FECHA_____)

INSTRUCCIONES:
- Transfiere los ejemplos de recaídas más fuertes de tu escaleta de recaídas de las páginas 138 y 139.
- Empieza con el momento que recaíste y trabaja en marcha atrás. Usa los ejemplos en la página 142.
- Usa un lápiz para completar esta hoja.

FRACASO DE RELACIÓN

¿Qué sucedió el día tú recaída?	¿Qué estaba sucediendo 1 - 3 días antes?:
(R) Recaí porque:	(A) En agotamiento me siento:
¿Qué estaba sucediendo 4 - 7 días antes?:	¿Qué estaba sucediendo 7 - 14 días antes?:
(E) Me enojé por:	(T) Tomo velocidad cuando:
¿Qué estaba sucediendo 14 - 30 días antes?:	¿Qué estaba sucediendo mientras en recuperación?:
(A) Estaba ansioso sobre:	(P) Las prioridades que olvidé eran:

Notas

EJEMPLO GUION DE CINE

Habían pasado casi 6 meses desde que completé mi rehabilitación. Me iba bien con los compromisos a las reuniones y mi iglesia. Por la primera vez en mi vida había ahorrado dinero y estaba estudiando para sacarme un título en la construcción. Me acuerda pensar que a veces ser responsable puede ser mucho trabajo o aburrido. Eso fue cuando conocí a Katy. Me enamoré a la primera vista. Todo cambió tan rápido. Ella no era una adicta y podía tomar de todo y aun funcionar como normal. Después de una semana tuvimos sexo y casi todas mis prioridades cambiaron. No podía contarles a mis amigos, pastor o mentor de ella, y pensé que no lo entenderían. Dejé de ir a la iglesia y a las reuniones. Evitaba a mis compañeros de recuperación. Me volví muy crítico de todos ellos. Mi enfoque total estaba en ella. Gasté casi todos mis en comprarle cosas. Empecé a volver me celoso y paranoico. Tenía dolores de estómago y de cabeza, tomaba muchas aspirinas y cosas así. No tenía ganas de comer, pasaba toda el día tomando café y me hinchaba de comida rápida por la noche. Estaba demasiado nervioso para dormir y volví al porno y lo demás. Katy empezó a verme como tenso siempre y se pasaba de mí porque que ya no era divertido. Sentía que todo estaba fuera de control. No podía pagar mis facturas y mi jefe estaba disgusto conmigo por no cumplía mis tareas. Temía contestar el teléfono. Quería que todo me dejara en paz. Pensé en fantasías de Nueva York y los buenos tiempos que tuve allí. No quería hacer nada, solo veía la tele casi todo el día. El día que tuve la recaída, me desperté pensando: "¿Cómo voy a aguantar este día?". Llamé a mi trabajo enfermo. Creo que ya sabía que iba a beber, pero no conscientemente. Fui a comprar cigarrillos y sentía animado. Compré cerveza. Tomé más y más. Logré conseguir algo de coca y luego pagué por sexo. La recaída sólo duró tres días porque la verdad es que no funcionó. Creo que fue Dios, porque me sentí peor en vez de mejor. Llamé a mi mentor y me llevó a una reunión. Fue como si hubiera estado en una pesadilla muy loca. No puedo creer que logré desviarme tanto sin darme cuenta de lo que estaba haciendo.

EJERCICIO: GUION DE CINE

INSTRUCCIONES:

- Combina tus Guiones Sin Salida o el ejercicio de escala PATEAR de la página 141 como si estuvieras e cribiendo una película sobre tu típico patrón de recaída.
- Imagina que te estás viendo en una película donde desarrollas tu patrón de comportamiento adictivo y de auto sabotaje.
- Imagina que estás viendo tu película de recaída para ver cómo la protagonista desarrolló un patrón de conductas adictivas y de auto sabotaje usando cada cosa que subrayaste en la Escala PATEAR en secuencia, desde la recuperación hasta la recaída.
- Haz a copia de tu guion para tu consejero.
- Tu consejero seguirá la historia mientras tú la lees en voz alta y te ayudará a reconocer brechas o acontecimientos que estén fuera de orden por si es necesario escribir el guion de nuevo.
- Tu consejero marcará con un círculo los eventos en el guion que luego transferirás a tu ESCALA PATEAR-DEJA VU en el Proceso Ocho.

Guion de Cine continuado . . .

CIERRE DEL PROCESO

Contesta las siguientes preguntas y compartir con tu consejero:

¿Qué nuevos conocimientos aprendiste durante este proceso?_____

_____

_____

_____

_____

¿En qué necesitas trabajar?_____

_____

_____

_____

_____

Pídele a tu consejero que ore por ti por: _____

_____

_____

_____

_____

TAREA: APLICACIÓN A LA VIDA:

Comparte tu Guion de Cine con tu Compañero Génesis. Si eres parte de un Grupo Génesis, asígnales papeles individuales y pídales que representen tu película. Como director, observa atentamente a la persona que te interpreta a ti. Comenta sobre lo que has aprendido de ti mismo. Si no tienes un grupo, dramatiza lo que has escrito en tu guion con tu consejero o amigos.

VERSÍCULO DE MEMORIA PARA LA

"No os amoldéis al mundo actual, sino sed transformados mediante la renovación de vuestra mente. Así podréis comprobar cuál es la voluntad de Dios, buena, agradable y perfecta." —Romanos 12:2 (NVIC)

Notas

PROCESO OCHO:
DEJA VU

META DEL PROCESO: En este proceso, condensarás tus detonantes desencadenantes a la recaída en un formato simple que será la base de tu Plan de Prevención de Recaídas.

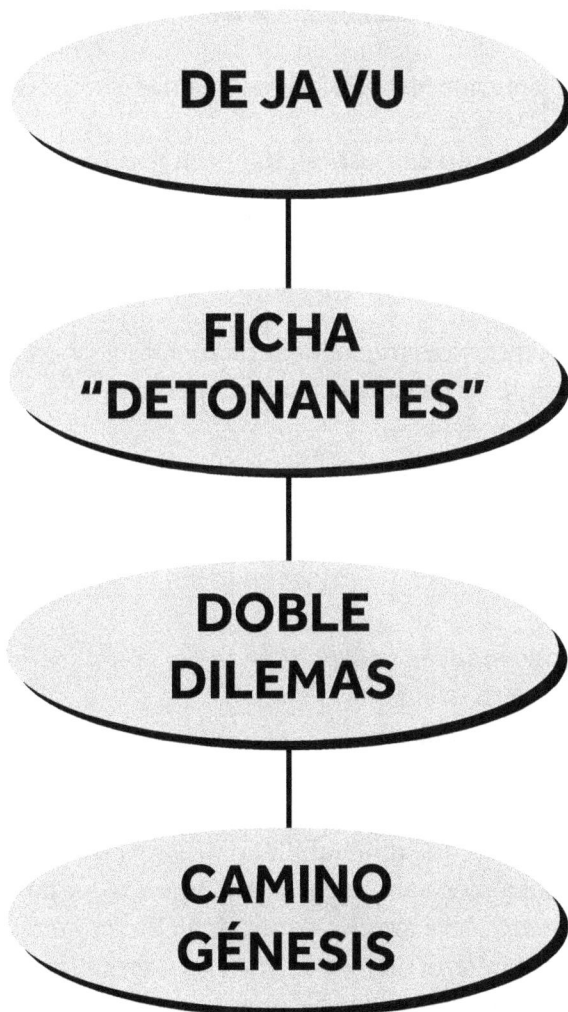

DE JA VU

DEJA VU
Combinarás guiones sin salida en una Escala PATEAR de patrón de recaída Deja Vu que muestra tu patrón típico de recaída.

FICHA "DETONANTES"

DETONANTES
Este paso condensa los detonantes que desencadenan tus recaídas en un formato sencillo. Esta es la base de todo.

DOBLE DILEMAS

DOBLE DILEMAS
La ficha Doble Dilema te enseñará cómo tomar las decisiones correctas.

CAMINO GÉNESIS

CAMINO GÉNESIS
Evaluarás tus comportamientos antiguos para establecer nuevas formas saludables de responder en vez de reaccionar.

EL PROCESO DEJA VU

EL propósito de este Proceso es combinar toda la información del Proceso Siete en un patrón típico de recaída. Estas son nuestras formas de lidiar con pensamientos y emociones difíciles que podrían haber sido beneficiosas cuando fuiste un niño, pero que se han convertido en tu peor enemigo como adulto. Tu patrón está compuesto de respuestas automáticas a factores estresantes emocionales subconscientes llamados detonantes. Estos factores detonantes se desencadenan en "la manera de siempre de hacer las cosas". Esto te hace responder automáticamente en situaciones en lugar de pensar antes de actuar. La mayoría de las situaciones en la vida exigen una resolución específica a algún problema en lugar de una respuesta automática.

=== PENSAMIENTO
clave

> Si siempre haces lo que siempre has hecho, siempre recibirás lo que siempre has recibido.

Lee el ejemplo de un cliente que identifica sus detonantes a una recaída automática, osea sus "Patrones Deja Vu":

Consejero: ¿Qué sentimiento expresaron todos en la prisión?
Cliente: Ira.
Consejero: ¿Y tú qué sentiste en la prisión?
Cliente: Temor. Pero en la cárcel si muestras temor te ven vulnerable y se aprovechan de ti.
Consejero: Entonces, muestras ira en lugar de temor.
Cliente: Sí, estar enojado en prisión y alejar a la gente es una habilidad de supervivencia.
Consejero: Ahora que estás libre ¿qué haces cuando tienes miedo?
Cliente: Bueno, supongo que me enfado de vez en cuando.
Consejero: ¿Dirías que automáticamente expresas enojo cuando sientes temor?
Cliente: Supongo.
Consejero: ¿Y cómo responde la gente?
Cliente: Supongo que aleja a la gente.
Consejero: ¿Entonces estás solo?
Cliente: Prisión de nuevo, sin paredes.

En este ejemplo, puedes ver que una habilidad de supervivencia en una situación puede ser un patrón de sabotaje en otra. Algunas personas han reformulado el pensamiento clave anterior de la siguiente manera: Una definición de locura es hacer lo mismo una y otra vez y esperar un resultado diferente. Pídale a Dios que te ayude a ver tus detonantes desencadenantes y cómo contribuyen a tus recaídas.

ESCALA "PATEAR" DE PATRÓN DE RECAÍDA DEJA VU (FASTER Scale)

INSTRUCCIONES: Revisa tu manera de pensar refiriéndote a esta escala. Es posible que estés experimentando solo un Incidente en vez de un patrón. Tener síntomas de recaída seca no significa que estés en un patrón de recaída. Encierre en un circulo los comportamientos con los que te identifiques ahora o en el pasado. Los síntomas repetitivos indican un patrón de recaída seca.

> **RECUPERACIÓN** *(Cómo se ven las personas que están recuperando)*
> Sin secretos actuales; resolver problemas; identificar miedos y sentimietos; mantener los compromisos a las reuniones, la oración, la familia, la iglesia, las personas, las metas y uno mismo; ser transparente; ser honesto; mantener contracto visual; tener contracto con otros; creciendo en las relaciones con Dios y con los demás; rendir de cuesntas

El Patrón de Recaída Seca
P – A – T – E – A – R

> **"P" = PRIORIDADES OLVIDADAS** *(Negación; huir; cambios en lo que es importante; cómo pasas tu tiempo y cómo piensas)*
> Secretos; aburrido; menos tiempo/energía para Dios, las reuniones y la iglesia; evitar el apoyo y las personas a quienes rindes cuentas; conversaciones superficiales; sarcasmo; aislamiento; cambios en tus metas; coqueteo; estar obsesionado con las relaciones; romper promesas/compromisos; descuidar a la familia; preocupación por las cosas materiales, la televisión o el entretenimiento; postergar; mentir; exceso de seguridad en ti mismo; esconder dinero.

> **"A" = ANSIEDAD** *(Obtener energía de las emociones)*
> Preocupación; usar blasfemias; tener miedo; estar resentido; repetir viejos pensamientos negativos; perfeccionismo; juzgar los motivos de los demás; hacer metas y listas que no puedes completar; mala planificación ; leer la mente de los demás; fantasía; masturbación; pornografía; rescate codependiente; problemas para dormir; problemas de concentración; buscar/crear drama; chismes; usar medicamentos de venta libre para controlar el dolor, el sueño y el peso.

> **"T" = TOMAR VELOCIDAD** *(Acelerar, impaciencia, intentar huir de la depresión)*
> Muy ocupado; trabajador obsesivo; no puedes relajar; conducir demasiado rápido; evitar desacelerar; sentir impulsado; apurado; no poder apagar los pensamientos; saltarse las comidas; comer compulsivamente (generalmente por la noche); gastar excesivamente; no poder identificar tus propios sentimientos/ necesidades; pensamientos negativos repetitivos; irritable; poner excusas por "tener que hacerlo todo"; cambios de humor dramáticos; lujuria; demasiada cafeína; demasiado ejercicio; nerviosismo; dificultad para estar solo o con personas; dificultad para escuchar a los demás; evitar el apoyo.

> **"E" = ENOJADO** *(Excitándose con la ira; agresión)*
> Postergación que causa crisis con el dinero, el trabajo o las relaciones; sarcasmo; pensar en blanco y negro, todo o nada; sentirte solo, que nadie te entiende; reaccionar excesivamente; furia al volante; resentimientos constantes; alejar y culpar a los demás; aumento en aislamiento; autocompasión; discutir; irracionalidad, no puedes soportar la crítica; defensivo; la gente te evita; necesidad de tener la razón; problemas digestivos; dolores de cabeza; pensamientos obsesivos (atascados); no poder perdonar; sentirse grandioso (superior); intimidación; sentirse agresivo.

> **"A" = AGOTADO** *(Sin energía; depresión)*
> Deprimido; pánico; confundido; sin esperanzas; dormir demasiado o muy poco; no puedes lidiar con las circunstancias; abrumado; llorar "sin razón"; no puedes pensar; olvidadizo; pesimista; indefenso; cansado; adormecido / anestesiado; querer huir; ansias constantes por las viejas conductas adaptativas; pensar en usar drogas y alcohol; buscar antiguas personas y lugares insalubres; muy aislado; la gente está enfadada contigo; auto-abuso; pensamientos suicidas; sin metas; modo de supervivencia; no devolver llamadas telefónicas; Faltar al trabajo; irritabilidad; Sin apetito.

> **"R" = RECAÍDA** *(Volver a ese lugar al que juraste que jamás volverías)*
> Darte por vencido; fuera de control; perdido en y entregándote a tu adicción; mentirte a ti mismo y a otros; sentir que simplemente no puedes controlar nada sin tu conducta adaptativa, al menos por ahora. El resultado suele ser vergüenza, condenación, culpa y soledad.

PASO 1
PASO 2
PASO 3
PASO 4
PASO 5

RECAÍDA SECA

RECAÍDA AGUDA

EJEMPLO: ESCALA "PATEAR" DE PATRÓN DE RECAÍDA DEJA VU

INSTRUCCIONES: Aplica lo que has aprendido sobre tu patrón de recaída para completar esta ficha. Las creencias falsas son las mentiras que usas para justificar tu comportamiento. Los sentimientos son cómo te sentiste en cada etapa. **"COMPORTAMIENTO CARACTERÍSTICO" SE REFIERE A LOS DETONANTES PRINCIPALES DE LA ESCALA PATEAR QUE SUBRAYASTE** en las páginas 141-149. El habilitador se refiere a quién o qué te ayudó sostener tu comportamiento adictivo.

RECU-PERACIÓN	Comportamiento Característico	*Leer literatura del programa o mi Biblia. Orar y meditar, escribir en un diario, poner notas de afirmación en el coche, en espejos. Ejercicio.*
	Creencia verdadera	*Tengo valor. Hay esperanza. Dios me ama. Puedo permanecer limpio y sobrio. Puedo mantenerme limpio.*
	Sentimientos	*Alegre y esperanzada.*
	Habilitador	*Reuniones de Doce Pasos, mi mentor, iglesia, consejero espiritual, amigos cercanos, mi consejero/terapeuta.*
PRIORIDADES OLVIDADAS	Comportamiento Característico	*Exceso de trabajo para justificar faltar a reuniones. Escondida en mi nueva relación.*
	Creencia Falsa	*No necesito ni tengo tiempo para reuniones o la iglesia. Realmente no soy una adicta.*
	Sentimientos	*Muy confiada. Superior. Sensación "luna de miel" de estar en control. Sentirse estupenda.*
	Habilitador	*Novio, trabajo, estudios, reuniones, familia.*
ANSIEDAD	Comportamiento Característico	*Comer demasiado o poco, ver televisión, gastar dinero, estimulantes, dormir demasiado o poco, buscar intimidad sexual.*
	Creencia Falsa	*No puedo con todo sola. Estaré sola. No soy atractiva. Tiene que haber más en la vida que esto. Soy una fracasada.*
	Sentimientos	*Temor, soledad, inferioridad, incomprendida, lamentable, cansada, confundida, indecisa.*
	Habilitador	*Un amigo no en recuperación, trabajo.*
TOMAR VELOCIDAD	Comportamiento Característico	*No poder decir "No", asumir demasiado, no dormir, comer en exceso, conducir sin propósito, fumar más, cambios de humor.*
	Creencia Falsa	*Yo les mostraré. No necesito que nadie me ayude. Soy la única que sabe cómo hacerlo bien. No puedo confiar en nadie.*
	Sentimientos	*Pánico, frustración, miedo, ansiedad, resentimiento, "insufrible", desafiante, indignado, "fuera de control", impotente.*
	Habilitador	*Novio que pide dinero, amigos, compañeros de trabajo, gastar en exceso que crea deudas.*
ENOJADO	Comportamiento Característico	*Victimar a otros, violencia física, abuso verbal, aislamiento, alejada.*
	Creencia Falsa	*Yo hago todo. Soy superior. Las cosas saldrían mal sin mí. Les mostraré cuánto me necesitan.*
	Sentimientos	*Ira, rabia, herida, desagradecida, sospechosa, no amada, miedo, pánico, ansiedad, soledad, incomprendida, poderosa, vengativa, desafiante.*
	Habilitador	*Yo, novio, compañeros de trabajo, amigos.*
AGOTADO	Comportamiento Característico	*Dormir, comer, gastar dinero, no comer ni dormir, aislarse, decir "No" a todo.*
	Creencia Falsa	*No puedo seguir. Dios no me ama. No tengo valor, demasiado cansada para hacerlo todo. Necesito químicos para continuar.*
	Sentimientos	*Soledad, cansada, agobiada, derrotada, herida, deprimida, avergonzada, lastimosa, aburrida, estancada, inadecuada.*
	Habilitador	*Abuelos, compañeros de piso, novio que se droga, amigas.*
RECAÍDA	Comportamiento Característico	*Ir a un bar, conocer gente, tomar una copa. Gastar dinero, tener sexo con desconocidos. Comprar drogas y mantenerse drogada.*
	Creencia Falsa	*Merezco esto. Nadie lo sabrá. Un trago no hará daño. No tengo un problema de drogas/ alcohol/relaciones.*
	Sentimientos	*Vengativa, solitaria, fastidiada, poderosa, aburrida, triste, no amada, desesperanzada, impotente, confundida y tratando de no sentir nada.*
	Habilitador	*Novio, aprovechar de amigos, narcotraficantes.*

ESCALA "PATEAR" DE PATRÓN DE RECAÍDA DEJA VU

INSTRUCCIONES: Completa esta ficha lo mejor que puedas antes de reunir con tu consejero. Sigue las instrucciones en la página 156. El comportamiento característico es de la Escala PATEAR. Revisa tus creencias falsas del Proceso 2 para ayudarte completar la sección de Creencia Falsa. (Hay más fichas en el apéndice)

RECU-PERACIÓN	Comportamiento Característico	
	Creencia verdadera	
	Sentimientos	
	Habilitador	
PRIORIDADES OLVIDADAS	Comportamiento Característico	
	Creencia Falsa	
	Sentimientos	
	Habilitador	
ANSIEDAD	Comportamiento Característico	
	Creencia Falsa	
	Sentimientos	
	Habilitador	
TOMAR VELOCIDAD	Comportamiento Característico	
	Creencia Falsa	
	Sentimientos	
	Habilitador	
ENOJADO	Comportamiento Característico	
	Creencia Falsa	
	Sentimientos	
	Habilitador	
AGOTADO	Comportamiento Característico	
	Creencia Falsa	
	Sentimientos	
	Habilitador	
RECAÍDA	Comportamiento Característico	
	Creencia Falsa	
	Sentimientos	
	Habilitador	

FICHA "DETONANTES"

INSTRUCCIONES: Transfiere los dos "detonantes" más observables de cada sección de la Escala PATEAR. Elije dos comportamientos de afrontamiento visibles y poderosos en cada letra de la Escala PATEAR. Estos serán transferidos a tus Tarjetas de Compromiso en el Proceso Nueve.

	EJEMPLO		TU PATRÓN
R Recu- peración	**Rendición de cuentas** **Sin secretos actuales**	**R** Recu- peración	
P Prioridades Olvidadas	**Obsesionado con** **nueva relación** **Evitar el apoyo**	**P** Prioridades Olvidadas	
A Ansiedad	**Crítico de los demás** **Crear drama**	**A** Ansiedad	
T Tomar Velocidad	**Trabajador obsesivo** **Saltarse las comidas**	**T** Tomar Velocidad	
E Enojado	**Reaccionar exageradamente y culpar a otros** **Crisis con el dineroy**	**E** Enojado	
A Agotado	**Deprimido** **Aislado** **Buscar viejos amigos**	**A** Agotado	
R Recaída	**Volver a mi** **Comportamiento adictivo** **Defensivo**	**R** Recaída	

FICHA "DETONANTES"

INSTRUCCIONES: Transfiere los dos "detonantes" más observables de cada sección de la Escala PATEAR. Elije dos comportamientos de afrontamiento visibles y poderosos en cada letra de la Escala PATEAR. Estos serán transferidos a tus Tarjetas de Compromiso en el Proceso Nueve.

Toma nota de cualquier pregunta o información que hayas descubierto de tus detonantes y háblalo con tu consejero.

EJEMPLO		TU PATRÓN	
R Recu-peración		**R** Recu-peración	
P Prioridades Olvidadas		**P** Prioridades Olvidadas	
A Ansiedad		**A** Ansiedad	
T Tomar Velocidad		**T** Tomar Velocidad	
E Enojado		**E** Enojado	
A Agotado		**A** Agotado	
R Recaída		**R** Recaída	

PROCESO 8: DOBLE DILEMA

En una situación de doble dilema, sientes o piensas que "estás condenado si lo haces o si no lo haces". Resolver los doble dilemas cura la confusión y puede detener una una recaída. Para resolver un doble dilema has de identificar el temor y avanzar hacia él. La postergación es un síntoma de un doble dilema. A medida que progresan los doble dilemas, también lo hacen los impulsos adictivos. La confusión viene de saber qué es lo correcto de hacer y tratar de encontrar una salida. Confiar en personas puede ser el doble dilema más difícil. Por ejemplo:

> *"Condenado si lo hago": si vuelvo a confiar en las personas, creo que me lastimarán nuevamente. "Condenado si no lo hago" — Si no confío en nadie, estaré aislado y me sentiré solo, abandonado y deprimido. Al no tener a nadie con quien verificar mis pensamientos y mis decisiones, terminaré en una recaída.*

Los doble dilemas son una batalla mental subconsciente. Cuando surge el temor a confiar en las personas, es posible que automáticamente entres en pensamientos de negación o en un comportamiento de afrontamiento para evitar el problema. ¿Cómo te sientes al estar en un doble dilema donde pareces estar condenado si lo haces o si no lo haces? ¿Ansioso, enojado, desesperanzado, fastidiado? Las adicciones son formas de evitar las emociones negativas de emociones negativas de estas situaciones perdedoras. Cuando no tienes la aptitud o el apoyo para ayudarte a elegir, pues evitas la sensación de estar en un doble dilema al drogarte.

PENSAMIENTO *clave*

> Si haces lo correcto, Dios te bendecirá. Hacer lo correcto suele ser lo más difícil.

"Si alguno de vosotros Anda escaso de sabiduría, pídasela a Dios, que repartee a todos con largueza y sin echarlo en cara, y Él se la dará."
—Santiago 1:5 (BLP)

Al estar consciente de tus decisiones puedes resolver tus dobles dilemas. Para elegir resolve your double binds. adecuadamente, recuerda la fórmula: Si haces lo correcto, Dios lo bendecirá. Hacer lo correcto suele ser lo más difícil. Hacer lo correcto resulta en una conciencia tranquila y restaura tus relaciones abiertas y honestas con Dios y con los demás. Si resuelves tus doble dilemas cotidianos, sus posibilidades de recaer se reducen. Al hacer la Ficha Doble Dilema con tu Consejero unas cuantas veces, aprenderás a resolver los doble dilemas tú mismo. Cuando te sientes enojado, fastidiado, ansioso, impotente, desesperanzado o deprimido, las adicciones son un medio para mantener los doble dilemas fuera de tu conciencia. Cuando te agotas, entras en pánico y tu cerebro de supervivencia o sistema límbico toma el mando con una respuesta de antojos enfocados en los comportamientos que solías usar para enfrentar estas situaciones en el pasado. Es extremadamente difícil decir "no" a los antojos por un tiempo prolongado. En este estado puedes acabar agotado. Pero si día tras día sigues identificando y avanzado hacia tus dobles dilemas, tus posibilidades de recaer se reducen. Para poder identificar y resolver tus doble dilemas necesitaras apoyo y rendir cuentas.

CAMPO DE CONCIENCIA DE DOBLE DILEMA

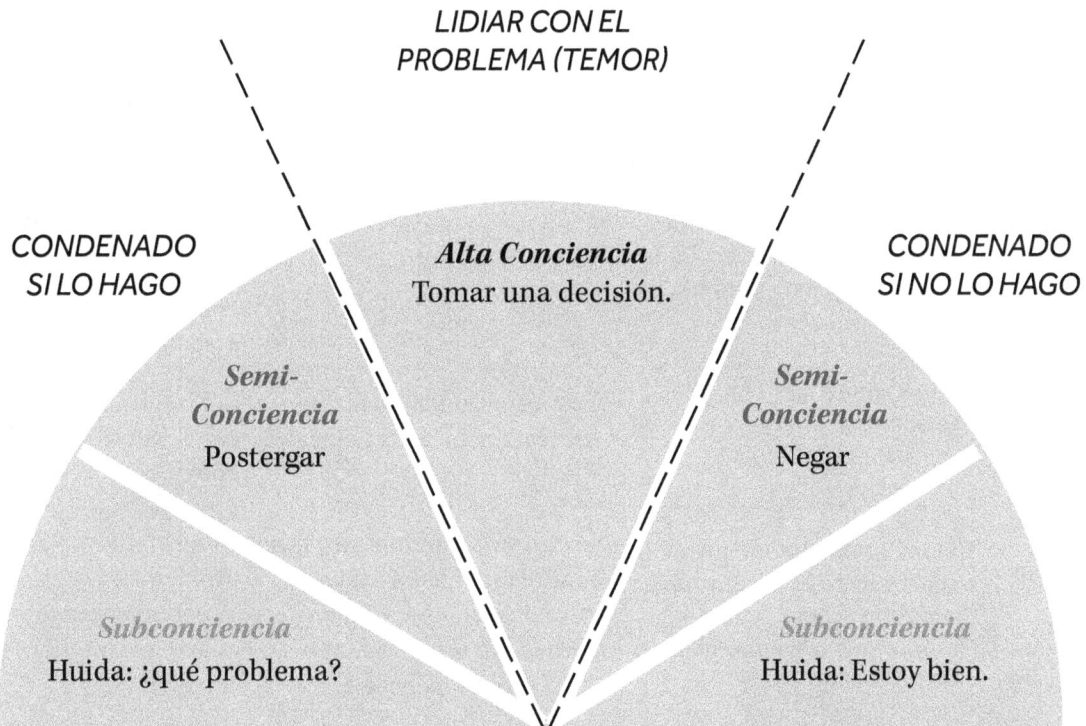

LIDIAR CON EL
PROBLEMA (TEMOR)

CONDENADO
SI LO HAGO

Alta Conciencia
Tomar una decisión.

CONDENADO
SI NO LO HAGO

Semi-
Conciencia
Postergar

Semi-
Conciencia
Negar

Subconciencia
Huida: ¿qué problema?

Subconciencia
Huida: Estoy bien.

PROBLEMA

Permanecer atrancado en doble dilemas o situaciones "sin ganar" puede crear sentimientos de ira, fastidio, ansiedad y depresión. La energía que se necesita para expulsar estos pensamientos, sentimientos y recuerdos no deseados de tu conciencia es agotadora y puede provocar una recaída. Evitar la conciencia de un doble dilema suele resultar de un temor. Ten en cuenta que solo puedes resolver problemas cuando estás se encuentra en el área de alta conciencia. Recuerda que la postergación y la negación siempre conducen a una crisis.

PROCESO 8: EJEMPLO: FICHA DE DOBLE DILEMA

INSTRUCCIONES: Usa tu ficha de "DETONANTES" en la página 159 para elegir uno de tus comportamientos recaída de cada sección y transfiéralo a la ficha de Doble Dilema en la página 163. Usa el ejemplo a continuación para completar tus fichas de Doble Dilema en las siguientes dos páginas Cuál será la consecuencia de cambiar frente a no cambiar.

Comportamiento de Afrontamiento	Maldito si cambio	Maldito si no cambio	Fórmula = Elegir- hacer la cosa correcta es lo más difícil de hacer
Recuperación ___ Responsabilidad	Si confío en la gente, me lastimarán o me rechazarán.	Si me aíslo, estaré solo y me sentiré abandonado o deprimido.	Confiar en otros. Disfrutar de compartir experiencias con amigos sanos y sobrios.
Prioridades Olvidadas ___ Relacionar	Presentar a mi novia a los demás. Puede que le digan que no es buena para mí.	Si no tengo novia, me sentiré solo y deprimido.	Tener una vida equilibrada, asistir a las reuniones y a la iglesia mientras salimos, demostrar comportamiento abierto y honesto.
Ansiedad ___ Resentimientos	Tengo que lidiar con problemas y perderé energía emocional debido a la ansiedad.	Los resentimientos me hacen criticar, juzgo a los demás y me aíslo.	Revisar mi manera de pensar con la gente de mi equipo de apoyo.
Tomar Velocidad ___ Trabajar excesivamente	Si me desacelero, sentiré mis sentimientos y no tendré ninguna excusa para no cuidar de mi recuperación o de mí mismo	Si sigo trabajando en exceso, tendré una buena excusa para descuidar a todo lo demás. No tendré tiempo para sentir o pensar.	Desacelerar; lidiar con los problemas y sentimientos. Tener mi compañero de apoyo revisar mi horario semanal.
Enojado ___ Reacciones Exageradas	Si no uso la ira para anestesiar el miedo, seré vulnerable, tendré que enfrentar mis debilidades.	Si me quedo enojado, alejo a la gente y no me ocupo de los problemas.	Renunciar a la ira, sentir el temor y enfrentar a los problemas. Pedir ayuda.
Agotado ___ Deprimido	Si admito que estoy deprimido estaré avergonzado y tengo miedo a la medicación.	Si me quedo deprimido, no puedo lidiar y me atraso más y más acabando aislado.	Romper el aislamiento, pedir ayuda y empezar a lidiar con los problemas.
Recaída ___ Volver a mi adicción	Si dejo de consumir y me desintoxico, tendré que enfrentar sentimientos, problemas y relaciones.	Si uso, sentiré vergüenza y culpa; Tendré ganas de suicidarme y terminaré en la cárcel, alguna Institución o muerto.	Detenerme; llamar a mi equipo de apoyo. Destoxificar Ceder el control a Dios.

DOUBLE BIND WORKSHEET

Comportamiento de Afrontamiento	Maldito si cambio	Maldito si no cambio	Fórmula = Elegir- hacer la cosa correcta es lo más difícil de hacer
Recuperación			
Prioridades Olvidadas			
Ansiedad			
Tomar Velocidad			
Enojado			
Agotado			
Recaída			

EXTRA FICHA DE DOBLE DILEMA (usa esta ficha para comportamientos compulsivos adicionales)

Comportamiento de Afrontamiento	Maldito si cambio	Maldito si no cambio	Fórmula = Elegir- hacer la cosa correcta es lo más difícil de hacer
Recuperación _____			
Prioridades Olvidadas _____			
Ansiedad _____			
Tomar Velocidad _____			
Enojado _____			
Agotado _____			
Recaída _____			

PROCESO OCHO: EL CAMINO

Ahora que has identificado tus doble dilemas, es hora de hacer el camino de Génesis y tomar pasos para avanzar hacia tu temor en lugar de huir de él. A cualquier cosa que temas le das poder y te controlará. La buena noticia es que puedes recuperar el poder por tomar nuevas decisiones y no huir de tus temores. Enfrentar a los problemas pequeños y grandes con valentía y compromiso para resolverlos es imprescindible para la recuperación.

Los problemas realmente no desaparecen hasta que se resuelven. Si decides no lidiar con solo cosas pequeñas todos los días, acabarás el año con 730 problemas sin resolver. Nunca se sabe cuándo un problemita se convertirá en "la gota que colmó el vaso". A medida que renuncies a estos viejos patrones de afrontamiento, tus sentimientos saldrán a la superficie. Los adictos tienen que hacer lo correcto, sin importar los sentimientos que experimenten. "Haz lo correcto, sin importar cómo se sienta, para que Dios pueda bendecirte". ¿Cómo sabes lo que es correcto? El camino correcto se revela en la Biblia. Tu camino puede parecerte correcto, pero es importante comprobar tus pensamientos y planes con las verdades bíblicas. Dios conoce tanto el presente como el futuro. Ora sobre cómo hacer un nuevo plan con nuevas respuestas saludables a los viejos patrones de recaída. Completa la ficha de Camino Génesis y muéstresela a tu mentor espiritual antes de reunir con tu consejero.

"No os conforméis a este siglo; más transformaos por la renovación de vuestra alma, para que experimentéis cuál sea la buena voluntad de Dios, agradable y perfecta."
—Romanos 12:2 (RV)

FICHA DEL CAMINO GÉNESIS

INSTRUCCIONES: En la ficha del Camino Génesis, tomarás en cuenta el "Camino Viejo" (doble dilemas y detonantes) y crearás una forma saludable de responder llamada "El Nuevo Camino". Después de completar los caminos viejos y nuevos, busca un pasaje Bíblico para escribir en la sección llamada La Enseñanza de Dios. Si no conoces las escrituras pídele ayuda a tu Mentor Espiritual. Ahora, memoriza varias de las escrituras que hayas elegido. Después de que tu consejero haya revisado tu ficha del Camino Génesis, transfiere la información a cada una de las cuatro "Tarjetas de Rendición de Cuentas" en el Apéndice en la parte posterior del libro donde pone "Comportamiento Nuevo / Comportamiento Antiguo".

EJEMPLO FICHA CAMINO GÉNESIS

	VIEJO CAMINO	NUEVO CAMINO	LA ENSEÑANZA DE DIOS
Escala PATEAR	**Comportamiento Antiguo**	**Comportamiento Nuevo Saludable**	**Creencia Bíblica y Escritura que la Apoya**
Recuperación	Desconfianza: Temor a confiar en las personas.	Confíar en Dios y en otros. Llamar a mi equipo de apoyo, reunir con ellos regularmente. Contactar a mi mentor.	2 Timoteo 1:7- "Porque no nos ha dado el espíritu de temor, sino el de fortaleza, y de amor, y de templanza" (RV) Isaías 41:1011- "No temas, que estoy contigo; no te angusties, que soy tu Dios. Te doy fuerza y voy a ayudarte, te sostiene mi diestra salvadora. Mira: se retraen avergonzados todos los que se afanan contra ti; en nada quedarán, perecerán todos los que pleitean contigo (BLP)
Prioridades Olvidadas Relaciones	Usar las relaciones para evitar el temor.	Compartir abierta y honestamente en las reuniones y en la iglesia. Sin secretos. Comprobar donde estoy en la Escala PATEAR con mi grupo.	2 Corintios 6:14 - "No os asociéis con los incrédulos formando una pareja desigual. ¿Acaso tiene algo que ver la rectitud con la maldad? ¿Tienen algo en común la luz y las tinieblas? (BLP) Romanos 1:24 25 — "Por eso Dios los entregó a los malos deseos de sus corazones, que conducen a la impureza sexual, de modo que degradaron sus cuerpos los unos con los otros. Cambiaron la verdad de Dios por la mentira, adorando y sirviendo a los seres creados antes que el Creador, quien es bendito por siempre. Amén. (NVIC)
Ansiedad Juzgar a los demás	Temeroso de las críticas y juicios de los demás. Leer la mente de otros.	Evaluar mi forma de pensar y preguntar qué piensan los demás.	Mateo 6:25 26 —"Por eso os digo: No os preocupéis por vuestra vida, qué comeréis o beberéis; ni por vuestro cuerpo, cómo os vestiréis. ¿No tiene la vida más valor que la comida, y el cuerpo más que la ropa? Fijaos en las aves del cielo: no siembran ni cosechan ni almacenan en graneros; sin embargo, el Padre celestial las alimenta..." (NVIC)
Tomar Velocidad Exceso de trabajo	Trabajar excesivamente. Poner fe en el dinero en lugar de Dios.	No trabajar demasiado. Hacer buen trabajo y confiar en Dios por los resultados.	Proverbios 11:28: "Quien confía en sus requezas se Hundirá, los justos florecerán como rosales." (BLP)
Enojado Reaccionar exageradamente	No puedo aceptar las críticas. Orgulloso, alejarme de los demás con ira. Usar la ira como anestésico para no sentir dolor. Culpar a los demás.	Hablar con otros antes de de enojarme y amargarme para resolver conflictos. Humildad y gratitud.	Proverbios 16:18 —"La soberbia precede a la ruina y el orgullo al fracaso." (BLP) Proverbios 13:10 —"El orgullo solo genera contiendas, pero la sabiduría está con quienes oyen consejos." (NVIC) Efesios 4:26- "Si os enojáis, no pequéis". No permitáis que el enojo os dure hasta la puesta del sol, (NVIC)
Agotado Deprimido	No poder hacer frente- sin espetanzas. No hay salida Cansado. Dormir mucho. Deprimido.	Pedir ayuda; hablar sobre mis Problemas & buscar soluciones. No aislarme.	Romanos 5:3-6: "Y no solo en esto, sino también en nuestros sufrimientos, porque sabemos que el sufrimiento produce perseverancia; la perseverancia, entereza de carácter; la entereza de carácter, esperanza. Y esta esperanza no nos defrauda, porque Dios ha derramado su amor en nuestro corazón por el Espíritu Santo que nos ha dado. En verdad, como éramos incapaces de salvarnos, en el tiempo señalado Cristo murió por los malvados." (NVIC)

FICHA CAMINO GÉNESIS

	VIEJO CAMINO	NUEVO CAMINO	LA ENSEÑANZA DE DIOS
Escala PATEAR	**Comportamiento Antiguo**	**Comportamiento Nuevo Saludable**	**Creencia Bíblica y Escritura que la Apoya**
Recuperación			
Prioridades Olvidadas Relaciones			
Ansiedad Juzgar a los demás			
Tomar Velocidad Exceso de trabajo			
Enojado Reaccionar exageradamente			
Agotado Deprimido			

FICHA CAMINO GÉNESIS

Escala PATEAR	VIEJO CAMINO Comportamiento Antiguo	NUEVO CAMINO Comportamiento Nuevo Saludable	LA ENSEÑANZA DE DIOS Creencia Bíblica y Escritura que la Apoya
Recuperación Rendición de cuentas			
Prioridades Olvidadas Relaciones			
Ansiedad Juzgar a los demás			
Tomar Velocidad Exceso de trabajo			
Enojado Reaccionar exageradamente			
Agotado Deprimido			

CIERRE DEL PROCESO

Contesta las siguientes preguntas y compartir con tu consejero:

¿Qué nuevos conocimientos aprendiste durante este Proceso? _____

_____

_____

_____

_____

¿En qué necesitas trabajar? _____

_____

_____

_____

_____

Pídele a tu consejero que ore por ti por: _____

_____

_____

_____

TAREA: APLICACIÓN A LA VIDA

Escribe las Escrituras de tu ficha del Camino Génesis y escríbelas en tarjetas pequeñas. Llévalas contigo y memorízalas a lo largo del día. Dios te las traerá a la mente cuando empiezas a bajar por el camino de tus viejos comportamientos. Hazle caso y haz lo correcto.

VERSÍCULO DE MEMORIA PARA LA PRÓXIMA SESIÓN:

"Pero no es suficiente con sólo oír el mensaje de Dios. Hay que obedecerlo. Si sólo oyen, sin hacer lo que dice, se están engañando a sí mismos. El que oye el mensaje de Dios sin obedecer lo que dice es como el que se mira en un espejo. Se mira en el espejo, se va y pronto olvida lo mal que se veía. Por el contrario, el que se fija bien en la ley perfecta, la que libera a la gente, y la pone en práctica en lugar de ser un oyente olvidadizo, será afortunado en lo que hace. —Santiago 1:22-25 (PDT)

Versículo de memoria

Notas

PROCESO NUEVE:
RESPONSABILIDAD

En este Proceso, implementarás un plan de prevención de recaídas a largo plazo que te permitirá seguir madurando.

TARJETAS DE RENDICIÓN DE CUENTAS

CARA 1 = CONTRATO DE RENDICIÓN DE CUENTAS
CARA 2 = COMPORTAMIENTO ANTIGUO Y NUEVO COMPORTAMIENTO DE RECUPERACIÓN

FICHAS "ESPEJO"

PLAN DE RECUPERACIÓN SEMANAL

TARJETAS DE RENDICIÓN DE CUENTAS

Rellena una Tarjeta de Rendición de Cuentas para cada persona que hayas elegido para ayudarte en tu recuperación.

FICHAS "ESPEJO"

Elije a personas que puedan ayudarte a seguir tomando pasos hacia tu compromiso de crecimiento personal.

PLAN DE RECUPERACIÓN SEMANAL

Evalúa tus actividades semanales para para garantizar la rendición de cuentas y un plan de recuperación equilibrado.

RESPONSABILIDAD

E n este Proceso, harás planes definidos para convertirte en una persona sana. Ten en cuenta que la palabra "recuperación" no significa convertirte en alguien nuevo, sino "regresar a un estado saludable anterior". Es posible que los actos de consumir drogas y alcohol o evitar dificultades a través de comportamientos compulsivos hayan retrasado o detenido tu desarrollo saludable. Si has podido cumplir las metas de cada proceso hasta ahora deberías estar en un lugar estable. La recuperación es un proceso que continuará el resto de tu vida. Todo el mundo tiene puntos ciegos y debido a eso no puedes ver tus fallas sin ayuda. Necesitas a otras personas en las que confías para ser espejos y modelos ejemplares para ayudarte a desarrollar un estilo de vida de crecimiento.

"Renunciamos a actuar de forma oculta y avergonzada, así como a proceder con astucia o a falsear el mensaje de Dios. Por el contrario, frente al juicio que puedan hacer de nosotros los demás en la presencia de Dios, proclamamos abiertamente la verdad."
—2 Corintios 4:2 (BLP)

La rendición de cuentas no es una parte opcional en la responsabilidad de tu recuperación. Las investigaciones han demostrado que los adictos que se aíslan y sienten que que pueden controlar sus adicciones solos, recaen dentro de una semana de haber Dejado su programa. A los adictos les resulta difícil seguir pidiendo ayuda. Asistir regularmente a tu iglesia, las reuniones de AA/NA y un grupo de recuperación Génesis son todas formas en las que puedes fomentar tu recuperación. Las adicciones se hacen en secreto. La recuperación es una comunicación abierta y honesta con Dios y con los demás. De verdad ponerte en contacto con otros puede sentir incómodo y falso si no lo has hecho antes.

Hemos diseñado una serie de Tarjetas de Responsabilidad para ayudarte a revelar tu patrón de recaída a tu Equipo de Apoyo. Un buen compañero de apoyo no puede mantenerte responsable si no conoce tus antiguos comportamientos de recaída y los nuevos comportamientos de recuperación que deseas establecer. Las Tarjetas de Rendición de Cuentas deben ser sinceras y precisas. Si alguno de los miembros de tu equipo de apoyo te ve en un de ello y si es necesario, llamar a todos los miembros del equipo apuntados en la cara 1 patrón seco de recaída, primero debería hacerte consciente de la Tarjeta de Rendición de Cuentas. Deberían decidir el momento y el lugar para en su Intervenir en tu recaída seca.

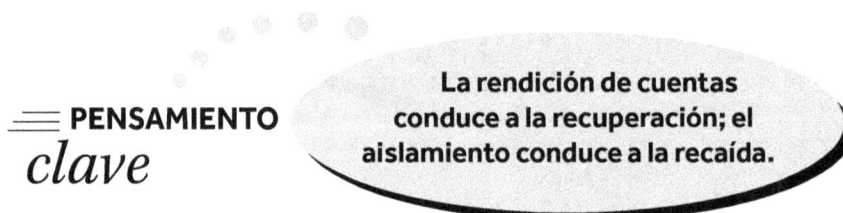

≡ **PENSAMIENTO**
clave

La rendición de cuentas conduce a la recuperación; el aislamiento conduce a la recaída.

Si empiezas a sentirte a la defensiva sobre hacer este proceso de rendición de cuentas, la actitud defensiva puede ser un indicador de un Plan B subconsciente. Con Este Plan B, nos referimos a una opción de consumir si las cosas se ponen difíciles. Habla de estos sentimientos con tu consejero antes de continuar.

EJEMPLO TARJETA DE RENDICIÓN DE CUENTAS

INSTRUCCIONES:
- **Arranca las tarjetas en la parte posterior del libro. Usa el ejemplo de la tarjeta a continuación. Completa CARA 1 identificando cada miembro de tu Equipo de Apoyo e Intervención.**
- **En la Cara 2 escribe tus comportamientos más fuertes que otras personas pueden ver en ti desde tu "Ficha Detonantes" en el Proceso 8.**
- **Entrega tus Tarjetas de Rendición de Cuentas, junto con una copia de la Escala PATEAR a los miembros de tu Equipo de Apoyo.**

"DETONANTES" / COMPORTAMIENTOS DE RECAÍDA – CARA 2

P. *Sin rendir cuentas a nadie y una nueva relación.*

A. *Juzgar a los demás y crear drama.*

T. *Trabajar todo el tiempo / Cambios en dieta.*

E. *Ira / Crisis con el dinero.*

A. *Depresión y aislamiento.*

R. *Visitar / Usar amigos y lugares / Recaída*

Rechazar "viejos comportamientos"	Fomentar "Nuevos Comportamientos"
Adicto al trabajo, tener que hacerlo todo	*Delegar, moderación, autocuidado*
Aislamiento, aburrimiento	*Contactar a otros, pedir ayuda*
Apresurarse en nuevas relaciones	*Desacelerar, evalúa a la nueva persona*
Culpar a otros	*Admitir mi parte en ello*
Superioridad (juzgar a los demás)	*Humildad (aceptar la fragilidad humana)*

TARJETA DE RENDICIÓN DE CUENTAS – CARA 1

Si me ves en una "recaída seca" o en una recaída, te doy permiso para comunicar con los otros miembros de mi Equipo de Apoyo e Intervención.

Firma: _____ Fecha: _____

Nombre	DIRECCIÓN	tel.
Juan	**Avenida de la Esperanza 7**	**555 678 921**
Pastor:		
Kati	**Avenida de la Esperanza 7**	**554 123 456**
Consejero Espiritual:		
María	**Calle Nos Importa 12**	**999 728 228**
Mentor de Recuperación:		
Pili	**Calle Amistad 113**	**998 171 717**
Otro:		

ESPERANZA

Tener esperanza es esencial a la prevención de recaídas, el madurez a largo plazo y la recuperación. La esperanza no es una idea o un concepto; es una sustancia Sabemos cuándo la tenemos y cuándo no. Sabemos cómo se ven los demás cuando la tienen y cuando no. **La esperanza te da la motivación para superar un mal día y no recaer.**

¿Qué es la esperanza y cómo se obtiene? Un tipo de esperanza se basa en ilusiones como: "Espero que sea un buen día" o "Espero que nunca me sucedan cosas malas". Ese tipo de esperanza no se basa en la sustancia. La **verdadera** esperanza se basa en la realidad. La esperanza viene de proyectar tus sentimientos y experiencias presentes hacia el futuro. Si estás estancado, deprimido y solo hoy, proyectarás eso a tu futuro y sentirás desesperanzado y deprimido. Pero si estás cambiando y mejorando y lo proyectas al futuro, experimentarás esperanza. Al tener estas cosas en cuenta te darás cuenta que: "Esto solo he sido un mal día pero todo lo demás en mi vida va en la dirección correcta".

La fórmula de la esperanza es así: "La esperanza viene del cambio; el cambio viene del riesgo; el riesgo viene de tener la fe para enfrentar tus temores." **Con fe, puedes avanzar en la recuperación confiando en Dios y en otras personas mientras renuncias al autocontrol.** Muchas personas se quedan atrapadas en la subcultura de la adicción al socializar solo con adictos o alcohólicos porque temen el rechazo de los "normales" (no adictos). Al quedar identificado como un adicto en lugar de ser quien eres en Cristo, tu recuperación será limitada. Rodéate de aquellos que han tomado decisiones saludables ellos mismos. Ellos pueden reflejar lo que Dios está haciendo en tu vida y ayudarte a ver detrás de la imagen distorsionada de ti mismo.

≡ PENSAMIENTO
clave

> Si quieres convertirte en una persona sana, tienes que juntarte con gente sana.

REPASO:

Demuestra tu comprensión de los conceptos que hemos tratado hasta ahora respondiendo a las preguntas abajo. Habla sobre las respuestas con tu consejero durante tu próxima sesión.

Explica por qué la rendición de cuentas es difícil para ti. _____

_____

_____

Explica el papel de la esperanza en el proceso de recuperación: _____

_____

_____

FICHA "ESPEJOS"

Usa la Ficha "Espejos" para hacer un plan consciente para el cambio y crecimiento personal continuos en siete áreas de tu vida. Estas siete áreas influyen tanto en tu carácter como en tu recuperación. El estancamiento en cualquiera de estas áreas puede provocar una recaída y afectar las otras áreas. Las siete áreas son:

E	**ÉTICA:** Absolutos de pensar, comportamientos, conductas, valores y normas correctos. Hacer lo correcto.
S	**SINCERIDAD:** Hacer lo que dices que harás, mantener tus promesas, establecer metas y alcanzarlas, completar tareas y ser responsable. Lo que haces cuando nadie te está mirando.
P	**PAREJAS ROMÁNTICAS:** Sentir atracción física, tener límites emocionales y sexuales saludables.
E	**EMOCIONES:** La reacción emocional exagerada puede crear una crisis y sabotear el éxito. Puede significar que se están detonando viejas heridas -- como la ira y la actitud defensiva como reacciones al miedo.
J	**JUICIO OPTIMISTA:** Tomar responsabilidad por tu actitud y perspectiva. Negatividad.
O	**OBRAR EN MI RECUPERACIÓN:** Para restaurarte a un estado de vida saludable anterior. Un compromiso de "obrar" en tu plan de recuperación incluyendo a tu mentor, ir a reuniones y hacer los los "12 Pasos". Responsabilidad por tu adicción. Sanidad.
S	**SEGUIR MADURANDO:** Crecimiento espiritual continuo y confianza en Dios. Ver lo que Dios quiere cambiar o hacer en tu vida y participar con Él. Participar en la iglesia, estudio bíblico, oración, etc.

"Pero se trata de que pongáis en práctica esa palabra y no simplemente que la oigáis, engañándoos A vosotros mismos. Quien oye la palabra, pero no la pone en práctica, se parece a quieb contempla su propio en el espejo: se mira y, en cuanto se va, se olvida sin más del aspecto que tenía. Dichoso, en cambio, quien se entrega de lieno a la meditación de la ley perfecta–la ley de la libertad–y no se contenta con oíria, para luego olvidaria, sino que la pone en práctica."

Ten en cuenta que esto no es una prueba de éxito o fracaso, sino un compromiso con un estilo de vida de crecimiento espiritual. Aunque nunca serás perfecto en esta vida, la meta es seguir trabajando en tus problemas y dejar que Dios te muestre nuevas áreas de crecimiento. El hombre juzga por el comportamiento exterior, pero Dios juzga los motivos del corazón.

Revisa el ejemplo de la Ficha "ESPEJOS" y completa las Fichas "ESPEJOS" en las siguientes dos páginas. Este ejercicio es importante porque un fallo en cualquier área afectará a las otras áreas, empezando tu descenso en la Escala PATEAR.

EJEMPLO FICHA "ESPEJOS"

INSTRUCCIONES: Lee los ejemplos a continuación.

	ESPEJO	EL CAMBIO NECESARIO	LO QUE ME COSTARÁ	ESPEJO
		Lo que necesito trabajar en cada una de las siete áreas.	¿Qué me costará? O, ¿qué tendré que renunciar para hacer este cambio?	¿Quién es una persona sana que puede reflejar mejor lo que estás haciendo en cada área? Escribe sus nombres en esta columna.
E	ÉTICA	Deshonestidad	Control de mi dinero Temor Decir la verdad	Pastor Germán
S	SINCERIDAD	Mantener mis Responsabilidades Ser puntual	Organizarme y establecer prioridades	Mi jefe Don Francisco
P	PAREJAS ROMÁNTICAS	Salir con Cristianas	Trabajar en mi codependencia, Relaciones sin sexo	Amiga Cristiana Eva. Madura y casada.
E	EMOCIONES	Estar a la defensiva ante las críticas	Orgullo: Pedir ayuda	Grupo de apoyo de los Jueves en el Centro
J	JUICIO OPTIMISTA	Pesimismo Pensamiento negativo	No rendirme Tomar responsabilidad de mis pensamientos.	Consejera Béa Grupo de apoyo
O	OBRAR EN MI RECUPERACIÓN	Más rendición de cuentas y responsabilidad.	Tener el control Aislamiento Compromiso	Mentor de 12 Pasos Enrique
S	SEGUIR MADURANDO	Comprometerme a una iglesia	Socializar y desarrollar amistades con gente sin adicciones; tiempo de ocio los domingos con gente "normal"	Pastor Germán Mentor espiritual

FICHA "ESPEJOS"

INSTRUCCIONES: Usa el ejemplo (p. 176), completa transversalmente una fila a la vez.

	ESPEJO	EL CAMBIO NECESARIO	LO QUE ME COSTARÁ	ESPEJO
		Lo que necesito trabajar en cada una de las siete áreas.	¿Qué me costará? O, ¿qué tendré que renunciar para hacer este cambio?	¿Quién es una persona sana que puede reflejar mejor lo que estás haciendo en cada área? Escribe sus nombres en esta columna.
E	ÉTICA			
S	SINCERIDAD			
P	PAREJAS ROMÁNTICAS			
E	EMOCIONES			
J	JUICIO OPTIMISTA			
O	OBRAR EN MI RECUPERACIÓN			
S	SEGUIR MADURANDO			

EJEMPLO PLAN DE RECUPERACIÓN SEMANAL

INSTRUCCIONES: Usa este ejemplo para completar tu ficha de actividades de recuperación semanal. Hazlo reflejar tu Ficha "ESPEJOS" y compromiso de responsabilidad para seguir creciendo en las siete áreas "ESPEJO".

	ACTIVIDAD	ÁREA DE CRECIMIENTO	RESPONSABILIDAD
DOM	Asistir a la Iglesia	Crecimiento espiritual Moralidad	Clase de escuela dominical Hablar con la gente
LUN	Reuniones de 12 Pasos Reunir con el Pastor	Recuperación Integridad	Haz un compromiso a trabajar en los 12 Pasos
MAR	Sesión de consejería	Reacciones Perspectiva optimista	Grupo de rendición de cuentas y consejero
MIE	Estudio Bíblico	Crecimiento espiritual Integridad Perspectiva optimista	Hacer la tarea y participar con el grupo.
JUE	Noche libre	Reacciones Perspectiva optimista Autoestima	Cuídate poniéndote al día y descansando
VIE	Cita / Diversión	Relaciones Aptitud social	Café, cita doble, cena y show con amigos
SAB	Reunión de 12 pasos Grupo de rendición de cuentas	Recuperación Integridad	Revisar como pienso, compartiendo abiertamente con el grupo, revisar mis prioridades con la Escala PATEAR

PLAN DE RECUPERACIÓN SEMANAL

INSTRUCCIONES: Usa este ejemplo para completar tu ficha de actividades de recuperación semanal. Hazlo reflejar tu Ficha "ESPEJOS" y compromiso de responsabilidad para seguir creciendo en las siete áreas "ESPEJO".

	ACTIVIDAD	**ÁREA DE CRECIMIENTO**	**RESPONSABILIDAD**
DOM			
LUN			
MAR			
MIE			
JUE			
VIE			
SAB			

PLAN DE RECUPERACIÓN SEMANAL

INSTRUCCIONES: Usa este ejemplo para completar tu ficha de actividades de recuperación semanal. Hazlo reflejar tu Ficha "ESPEJOS" y compromiso de responsabilidad para seguir creciendo en las siete áreas "ESPEJO".

	ACTIVIDAD	ÁREA DE CRECIMIENTO	RESPONSABILIDAD
DOM			
LUN			
MAR			
MIE			
JUE			
VIE			
SAB			

CIERRE DEL PROCESO

Contesta las siguientes preguntas y compartir con tu consejero:

¿Qué nuevos conocimientos aprendiste durante este proceso? _____

_____

_____

_____

_____

¿En qué necesitas trabajar? _____

_____

_____

_____

_____

Pídele a tu consejero que ore por ti por: _____

_____

_____

_____

_____

TAREA: APLICACIÓN A LA VIDA

Llama a todos en tu Equipo de Apoyo. Invita a las personas que quieres en tu sesión de oración dentro de dos semanas. Cuéntales los detalles (cuándo, qué y dónde) de tu sesión de oración para el Proceso Diez.

VERSÍCULO DE MEMORIA PARA LA PRÓXIMA SESIÓN:

"Soportaos mutuamente y, así como el Señor os perdonó, perdonaos también vosotros, cuando alguno tenga quejas contra otro." —Colosenses 3:13 (BLP)

Versículo de memoria

Notas

PROCESO DIEZ:
ÉXODO

En este Proceso, a través de la oración y el perdón resolverás las heridas y los errores del pasado, lo que te empoderará a tomar pasos hacia una nueva vida de recuperación total.

FICHA DE ARREPENTIMIENTO Y ORACIÓN

FICHA DE PERDÓN Y ORACIÓN

FICHA DE RENUNCIAR HERIDAS GENERACIONALES

FICHA DE BENDICIONES

FICHA DE ARREPENTIMIENTO

Haz una lista de las cosas de las que tendrásand que arrepentirte y pídele a Dios que te perdone.

FICHA DE PERDÓN

Harás una lista de las personas que te hirieron para entender el efecto que tuvo en ti.

RENUNCIAR HERIDAS GEREACIONALES/AGRADECIMIENTO POR BENDICIONES

En este proceso, tu consejero y tú orareis para romper patrones y heridas generacionales y dar le las gracias a Dios por todas sus bendiciones.

LA PROMESA DE DIOS A SU PUEBLO

En el libro de Éxodo, Dios sacó a los Israelitas de la esclavitud de Egipto. Dios los hizo pasar cuarenta años en el desierto para llegar a la tierra que los había prometido. Sin embargo, el pueblo escuchó al informe de los espías sobre los gigantes y su temor anuló su fe. Al no tener suficiente fe en Dios para enfrentar y derrotar a los gigantes, quisieron volver a la esclavitud en Egipto. Todos menos dos personas perdieron la oportunidad de recibir la vida que Dios había planeado para ellos.

Éxodo representa la promesa de Dios de sacar a su pueblo del cautiverio a una nueva vida, identidad y propósito. Dios proveyó para sus necesidades físicas y espirituales, y les dio nuevas reglas o pautas para una vida exitosa. Esas pautas están grabadas en la Biblia. Al igual que las personas con adicciones, los israelitas enfrentaron muchos temores y dudas que los llevaron a quejar. Sintieron ansias continuas de volver a lo que era familiar para ellos, aunque fuera la esclavitud. Esa analogía resume el tema central del Proceso del Éxodo. Al igual a los que fueron llamados a salir de Egipto, al pasar por todo el Proceso Génesis has aprendido a identificar a los gigantes en tu vida. Los has enfrentado y los has nombrado como falsas creencias, ídolos y adicciones. Ahora es el momento de entrar en la entrar en la vida que Dios te prometió: la tierra prometida.

≡ **PENSAMIENTO** *clave*

> **Cambiar de adicción es como cambiar de asiento en el Titanic.**

En el Proceso Diez, te enfrentarás a esos gigantes, te arrepentirás de haberlos convertido en ídolos en tu vida y renunciarás a lo que obtuviste de ellos. Esto significa estar dispuesto a renunciar a los viejos comportamientos: drogas, alcohol, sexo promiscuo y otras formas destructivas de afrontamiento. Sin fe, serás como los Israelitas: demasiado asustados para continuar.

Las personas compulsivas y los adictos tienden a cambiar una adicción por otra. Al igual que los israelitas, la falta de fe al enfrentarse a los miedos temores llevar a la recaída. Al no confiar en Dios, les faltó valor para seguir adelante y recibir la promesa de Dios. La confianza y la fe en Dios es la base para una recuperación a largo plazo y una nueva vida libre de adicciones.

Todos hemos sido heridos en nuestras vidas. Si esas heridas nunca han sanado, creamos murosdefensivos para protegernos de ser lastimados nuevamente.

≡ **PENSAMIENTO** *clave*

Nada desaparece hasta que se resuelve.

Con el tiempo, estas defensas se vuelven parte de nuestra personalidad. Igual a una herida física cuando se aplica una tirita para protegerla, las heridas del corazón están protegidas por nuestros comportamientos defensivos. Las heridas crean paredes. El temor, la falta de perdón, los votos y los juicios impedirán que tus heridas sanen. En este Proceso, tras limpiar estas heridas, les ayudará a sanar. Recuerda: la sanidad es un proceso que toma tiempo por retraso límbico, como se explicó en el Proceso 4.

Debes entender que tanto como existen las leyes físicas, existen leyes espirituales que Dios ha dado para nuestro beneficio. Por ejemplo: no puedes ver la gravedad y, por lo tanto, es posible que no creas que existe, pero si te bajas del costado de un edificio, la ley de la gravedad se pone al mando. Las leyes espirituales funcionan de la misma manera. No puedes verlas, pero si las rompes, sufres las consecuencias. Las cinco leyes espirituales que revisaremos son:

1. La Ley de Honrar a los Padres (Deuteronomio 5:16; Efesios 6:13)

2. La Ley de Jucios y Amargura (Mateo 7:12)

3. La Ley del Perdón (Mateo 6:1214)

4. La Ley de los Votos Internos (Mateo 5:3335)

5. La Ley de Siembra y Cosecha (Gálatas 6:78)

CINCO LEYES ESPIRITUALES

1. La Ley de Honrar a los Padres

"Honra a tu padre y a tu madre, como el SEÑOR tu Dios te ha ordenado, para que disfrutes de una larga vida y te vaya bien en la tierra que e da el SEÑOR tu Dios."
—Deuteronomio 5:16 (NVIC)

Este es el único de los diez mandamientos que incluye una promesa. Dios promete que si honras a tus padres, tu vida te irá bien. Esto también significa que si no honras a tus padres, la vida NO te irá bien.

¿Qué significa "honrar a tus padres"? Honrar significa "Mostrar respeto y consideración..." (Oxford). Muchos padres no fueron honorables cuando fueron crueles o abusivos con sus hijos. ¿Cómo espera Dios que honremos a estos padres? Es diferente para todos. Cuando llegas a esta parte del Proceso, pídale a Dios que te muestre cómo hacer esto específicamente. Dios conoce tu historia, tus padres y tus heridas... y también cómo honrar a tu madre y a tu padre. Para romper la consecuencia negativa de esta ley, debes dejar de juzgar y perdonar a tus padres, viéndoles con los ojos comprensivos y omniscientes de Dios. Esta habilidad viene del Espíritu Santo que te revela las circunstancias y la crianza de tus padres.

2. La Ley de Juicios y Amargura

"No juzguéis a nadie, para que nadie os juzgue a vosotros. Porque así como juzguéis se os juzgará, y con la medida que midáis a otros se os medirá.
—Mateo 7:12 (NVIC)

La ley de juzgar se establece bíblicamente en Mateo 7:12: Los juicios son opiniones críticas sobre los motivos o el corazón de otra persona. Solo Cristo tiene la autoridad y capacidad de juzgar el corazón de otra persona. Juan 5:22 declara: "El Padre no juzga a nadie; todo el poder de juzgar se lo ha dado al Hijo." **Cuando juzgas a otros, serás probado de la misma manera que los juzgas a ellos.**

3. La Ley del Perdón

"Más bien, sed bondadosos y compasivos unos con otros, y perdonaos mutuamente, así como Dios os perdonó en Cristo."
—Efesios 4:32 (NVIC)

Estos versículos establecen claramente la ley del perdón de Dios. La falta de perdón es aferrarse a un resentimiento por el mal que te han hecho. La falta de perdón hace un juicio condenatorio sobre la otra persona. Puedes reconocer la falta de perdón en tu corazón cuando continúas a reproducir un incidente, experimentando las viejas emociones vez tras vez.

¿Por qué Dios le pide a la gente que se perdone unos a otros cuando va en contra de la naturaleza humana? Porque Dios sabe lo importante que es para tu salud mental y espiritual. Él nos ordena que nos perdonemos unos a otros. No tanto por el beneficio de los demás, sino por nuestra propia libertad. **La falta de perdón puede atarnos a la persona que estamos juzgando y hacernos actuar como ellos. El perdón te permite seguir con tu vida.**

"Y perdónanos nuestras deudas, como también nosotros hemos perdonado a nuestros deudores... Porque si perdonáis a otro sus ofensas, también os perdonará a vosotros vuestro Padre celestial."
—Mateo 6:12, 14 (NVIC)

4. La Ley de los Votos Internos

No solo necesitas renunciar a los juicios que haces sobre los demás, sino también a las las maldiciones y los juicios sobre ti mismo. Estos se llaman "votos internos". Un voto interno es una decisión o promesa que hiciste sobre ti mismo, generalmente en la infancia para lidiar con las heridas que sufriste. Por ejemplo: las personas en las que confiaba me lastimaron, así que hice un voto protector de que: "¡Jamás volveré a confiar en nadie!" La resulta es aislamiento y soledad, los cuales causan más dolor y hacen que el ciclo se repita. Estos votos en general se vuelven subconscientes y no desaparecen con el tiempo, sino que funcionan como un contrato y deben ser renunciados o rotos. **Los votos de supervivencia pueden sabotear el éxito. Un voto interno se convierte en una auto maldición.**

"También habéis oído que se dijo a los antepasados: "No faltes a tu juramento, sino cumple con tus promesas al Señor. Pero yo os digo: No juréis de ningún modo: ni por el cielo, porque es el trono de Dios; ni por la tierra, porque es el estrado de sus pies; ni por Jerusalén, porque es la ciudad del gran Rey."
—Mateo 5:33-35 (NVIC)

5. La Ley de Siembra y Cosecha

Dios nos advierte que nuestras acciones tienen consecuencias. Nuestro pecado contra Dios y los demás produce resultados destructivos similares. Cuando siembras egoísmo, tus sentimientos de culpa pueden hacer que te castigues- saboteando inconscientemente tus Intentos de éxito. Por ejemplo, una persona que hiere a su familia con su adicción egoísta y les abandona porque es incapaz de lidiar conscientemente con los sentimientos de culpa. Podría sabotear sus nuevas relaciones e intentos de éxito porque inconscientemente cree que merece ser castigada. En la ley de la siembra y la cosecha, tu conciencia y tus acciones se convierten en tu propio juez, jurado y verdugo.

La buena noticia es que Cristo murió para romper la maldición del pecado y llevar sobre Sí mismo las consecuencias de nuestros pecados, votos, juicios y falta de perdón. Pero tenemos que darle el control.

"No os engañéis: de Dios nadie se burla. Cada uno cosecha lo que siembra. El que siembra para agradar a su naturaleza pecaminosa, de esa misma naturaleza cosechará destrucción; el que siembra para agradar al Espíritu, del Espíritu cosechará vida eterna."
—Gálatas 6:7-8 (NVIC)

"En esto consiste el amor: no en que nosotros hayamos amado Dios, sino en que Él nos amó y envió a su Hijo para que fuera ofrecido como sacrificio por el perdón de nuestros pecados."
—1 Juan 4:10 (NVIC)

EJEMPLO FICHA DE ARREPENTIMIENTO

INSTRUCCIONES: Para completar las columnas revisa el Proceso 5. Posiblemente tendrás que consultar la Ficha del perdón en la página 192, sobre todo las columnas Votos y Efectos.

Lo que hice:	A quién afectó y cómo:	De dónde vino mi comportamiento:	¿Hay algo que debería hacer para hacer las paces?:
Divorciado	Mi esposa y mi hijo Los abandoné.	Mi padre alcohólico Papá me dejó, entonces yo les dejé.	Disculparme. Mantener mi sobriedad. Cumplir con lo que les prometí.
Juzgué a mi papá	Me amargué y rechacé a papá. Papá se retiró y empezó a temer mi rechazo.	Papá me rechazó, entonces yo lo rechacé.	Tratar de restablecer una relación con él.
Drogas y alcohol	Esto me afectó a mí y a todos los que se preocuparon por mí.	Generaciones de alcoholismo.	Mantenerme sobrio y sano. Hacer las paces y ser responsable

ORACIÓN DE ARREPENTIMIENTO- PEDIR EL PERDÓN DE DIOS

Arrepentir significa cambiar de dirección o estar dispuesto a cambiar. Hay dos tipos de pena o remordimiento: uno conduce a la libertad, el otro conduce a la esclavitud. El arrepentimiento es la clave para recibir el perdón de Dios a través de Jesucristo. El arrepentimiento nos lleva al perdón de Dios y a la liberad de nuestros actos egoístas. Esto rompe el ciclo de culpa y vergüenza. Ser capaz de perdonar a otros o extender la gracia puede depender de tu propia capacidad de perdonarte a ti mismo y recibir la gracia de Dios. Efesios 4:3132: "Abandonad toda amargura, ira y enojo, gritos y calumnias, y toda forma de malicia. Más bien, sed bondadosos y compasivos unos con otros, y perdonaos mutuamente, así como Dios os perdonó en Cristo".

Necesitamos arrepentirnos y pedirle perdón a Dios porque el odio a nosotros mismos, la culpa o la vergüenza pueden ser la clave para explicar el comportamiento subconsciente de autosabotaje. (Recuerda la Ley de Siembra y Cosecha en la página 187.) Otros te lastimaron por sus propias heridas y, probablemente, de la misma manera hayas herido a otros. El sacrificio de Cristo tiene el poder de romper este patrón generacional para que se detenga contigo. Pídele a Dios que te perdone y después perdónate a ti mismo.

> *"Esa tristeza produce un arrepentimiento que lleva a la salvación y no se debe lamentar; en cambio, la tristeza del mundo produce la muerte." —2 Corintios 7:10 (LPD)*

FICHA DE ARREPENTIMIENTO

INSTRUCCIONES: Utiliza el ejemplo de la página 188 y completa la Ficha de Arrepentimiento. Para completar las columnas revisa el Proceso 5, página 118.

Lo que hice:	A quién afectó y cómo:	De dónde vino mi comportamiento:	¿Hay algo que debería hacer para hacer las paces?:

FICHA DE ARREPENTIMIENTO

INSTRUCCIONES: Utiliza el ejemplo de la página 188 y completa la Ficha de Arrepentimiento. Para completar las columnas revisa el Proceso 5, página 118.

Lo que hice:	A quién afectó y cómo:	De dónde vino mi comportamiento:	¿Hay algo que debería hacer para hacer las paces?:

ORACIÓN DE ARREPENTIMIENTO

Usa los siguientes ejemplos de oraciones de arrepentimiento como <u>pautas</u> para tu consejero y tu cuando oréis con tu Ficha de Arrepentimiento. Pídele a Dios que te perdone y que rompa el ciclo de heridas.

Pedir perdón por mí mismo (utiliza el ejemplo a continuación, completa con lo que identificaste en la página 190):

"Señor, lo siento por haber <u>dejado a mi esposa e hijo.</u> Por favor, perdóname y ayúdame a cambiar. Estoy dispuesto a darte el control con <u>ayudarme a restablecer una relación con ellos.</u> Acepto el sacrificio de Jesús en la cruz como el pago por mi pecado. Libérme de mi culpa".

Ejemplo:

"Señor, perdóname por juzgar a mi padre como un cobarde d que era egoísta y no le importaba. Señor, solo tú puedes ver el corazón de un hombre. El juicio te pertenece a ti, no a mí. Te pido que me perdones por expresar estos juicios críticos de otros".

Oración del consejero:

"Según la Escritura y la autoridad de Cristo, como se declara en 1 Juan 1:9, es perdonado de su pecado. Por tu Espíritu, ayúdale tener sabiduría y valentía para hacer las paces con las personas a las que ha lastimado. Rompe el poder de la culpa y la vergüenza en el corazón y la mente de _____ , y libérale de este patrón generacional. Llénale con tu Espíritu Santo, y ábrele a recibir el amor y el perdón de Dios. Permítale extender el mismo perdón y amor a otros tú le has dado a él".

"Si confesamos nuestros pecados, Dios, que es fiel y justo, nos los perdonará y nos limpiará de toda maldad."
—I Juan 1:9 (NVIC)

INSTRUCCIONES PARA LA FICHA DEL PERDÓN

INSTRUCCIONES: Estudia este ejemplo. Luego, en las siguientes dos páginas, haz una lista de las personas que te han herido empezando con tus padres. Luego incluya a Dios, hermanos, maestros, amigos, jefes, figuras de autoridad, esposos, esposas, hijos, abusadores, iglesias, etc. Podría ser útil revisar los Procesos de Génesis 2, 3 y 5 para completar la lista. Usa los ejemplos a continuación para ayudarte hacer tu propia lista. Como regla general, no excluyes a personas que crees que ya has perdonado. Ora y pídele a Dios que te revele heridas adicionales. Recuerda que las personas que te han herido no van a ver a este libro. No las protejas ni niegues el daño por eliminarles de tu lista. Esto no se trata de deshonrar a tus padres. Es admitir tus verdaderos sentimientos que posiblemente han sido ocultados.

EJEMPLO FICHA DEL PERDÓN

Persona:	Herida:	Juicio o falta de perdón:	Voto o mentira de supervivencia:	Efecto que tuvo en ti:	Su deuda: (Lo que te deben)
Papá	Alcohólico, alejado, nunca presente.	Era débil, cobarde, egoísta, no le importaba. Él no me ayudará.	No lo necesito. No puedo confiar en nadie. Tengo que satisfacer mis propias necesidades.	Aislado. Tratar de controlar mis pensamientos y sentimentos vulnerables. Temeroso. Trabajar excesivamente. Problemas con corazón y estómago.	Una disculpa. Admitir lo que hizo. Atención. Respeto. Interés
Mamá	Me usó para satisfacer la falta de relación con mi padre. Me enseñó: no confíes, no sientas, no hables	Mi mamá solo se preocupa por mi papá. Mi mama es una mentirosa. Nunca me amó.	El papel de la mujer es para preocuparse. Seré amada cuando sea perfecta. Responsable por todo. Las necesidades de los demás son más importantes que las mias.	No hables de tus temores. Mis sentimientos no importan. No muestres debilidad Codependencia: haz que mamá se vea bien.	Me debe por todo el tiempo que cuidé de ella.
Sra. García, maestra de secundaria	Me dijo que era perezosa y estúpida.	Ella me odiaba. No quiso entenderme.	Los profes y autoridades me lastimarán	Siempre peleaba con autoridades y profes. Expulsada del cole y despedida de trabajos.	Justicia. Respeto. Disculpa.
Hermana	Legalmente robó mi herencia.	Ella es malvada, engañosa, hipócrita y ladrona.	La rechazaré primero. La descartaré	Perdí la relación con mi único familiar.	Dinero. Remordimiento. Justicia. Restitución

FICHA DEL PERDÓN

INSTRUCCIONES: Importante: lea las instrucciones y el ejemplo en la página anterior antes de comenzar.

Persona:	Herida:	Juicio o falta de perdón:	Voto o mentira de supervivencia:	Efecto que tuvo en ti:	Su deuda: (Lo que te deben)

© Genesis Process - Dye

FICHA DEL PERDÓN

INSTRUCCIONES: Haz una lista de las personas que te han herido empezando con tus padres. Luego incluya a Dios, hermanos, maestros, amigos, jefes, figuras de autoridad, esposos, esposas, hijos, abusadores, iglesias, etc. Podría ser útil revisar los Procesos de Génesis 2, 3 y 5 para completar la lista. Importante: Lee las instrucciones en la página 188 antes de empezar.

Persona:	Herida:	Juicio o falta de perdón:	Voto o mentira de supervivencia:	Efecto que tuvo en ti:	Su deuda: (Lo que te deben)

FICHA DEL PERDÓN

INSTRUCCIONES: Haz una lista de las personas que te han herido empezando con tus padres. Luego incluya a Dios, hermanos, maestros, amigos, jefes, figuras de autoridad, esposos, esposas, hijos, abusadores, iglesias, etc. Podría ser útil revisar los Procesos de Génesis 2, 3 y 5 para completar la lista. Importante: Lee las instrucciones en la página 188 antes de empezar.

Persona:	Herida:	Juicio o falta de perdón:	Voto o mentira de supervivencia:	Efecto que tuvo en ti:	Su deuda: (Lo que te deben)

LA IMPORTANCIA DEL PERDÓN

El perdón es importante porque te da la capacidad de avanzar en la vida. La falta de perdón te ata a tus heridas del pasado y hace que sea difícil recibir las bendiciones de nuevas relaciones. El perdón viene de la persona herida al cancelar la DEUDA que se debe. No es necesaria la participación del perpetrador. La reconciliación viene del perpetrador, al disculparse y pedir perdón. Perdonas para liberarte de los que te lastiman.

Las creencias falsas pueden impedir el perdón. Las creencias falsas pueden hacer que no puedas perdonar a los que te han lastimado.

Creencia Falsa	Creencia Verdadera
1. Si los perdono, quedarán libres. No habrá justicia.	1. Sólo Dios sabe lo que es justo. El castigo está en las manos de Dios.
2. Perdonar significa que debo fingir que nunca pasó nada.	2. El perdón no es negación. Di la verdad; no lo minimices para perdonar.
3. Si perdono, volveré a ser vulnerable.	3. Perdonar a alguien no significa que sea de confianza y debes volver a confiar en él.
4. Mi falta de perdón está justificada porque tengo razón, y nunca verán su error ni se arrepentirán si los dejo ir.	4. Mi falta de perdón solo me hace daño y permite que lo que hicieron controle mi vida.

PERDÓN Y LIBERACIÓN – ORACIÓN POR LOS DEMÁS

Revisa la Lista de Perdón que hiciste con tu consejero y elige perdonar a cada persona específicamente por la forma en que te lastimó. Usa los ejemplos de oración a continuación como pautas. Recuerda, **la clave del perdón es ver a las personas a través de los ojos de Dios y comprender que ellos mismos fueron personas heridas que proyectaron su dolor a ti y a los demás.**

ORACIÓN GUÍA

"Porque si perdonáis a otros sus ofensas, también os perdonará a vosotros vuestro Padre celestial." -- *Mateo 6:14 (NVIC)*

Padre, Tu palabra dice que para ser perdonado, debo perdonar. Vengo a Ti en el nombre de Jesús, en obediencia y amor, y traigo a *(nombre)* _____ delante de Ti. Cancelo su deuda. Elijo perdonar este hecho en contra de mí y te pido que que no guardes este pecado en contra de *(nombre)* _____ por mi cuenta. Libero a *(nombre)* _____ de cualquier deseo de mi parte de querer ver a *(él/ella)* _____ castigado(a). De hecho, como me has dicho que haga, bendigo a *(nombre)* _____ en el nombre de Tu Hijo, Jesús. Conoces a los deseos, necesidades y dolores de *(nombre)* _____. Sabes lo que sería de bendición para *(él/ella)* _____. Te pido que derrames Tu amor y sanidad en su vida y muéstrale tu bondad a *(nombre)* _____ porque Tu nombre es Amor y no quieres que nadie perezca. Ahora también, Padre, sana mi corazón y libérame para amar a esta persona tal como Tú lo haces. En el nombre de Jesús. Amen.

≡ **PENSAMIENTO** *clave*

Perdonar es renunciar los juicios negativos sobre aquellos que te han lastimado.

RENUNCIANDO A LAS HERIDAS GENERACIONALES

"No engañamos a nadie, ni cambiamos la paladra de Dios. No tenemos de qué avergonzarnos, ni hacemos maldades a escondidas. Al contrario, delante de Dios hablamos y proclamamos la verdad ante todas las personas." — *2 Corintios 4:2 (NBD)*

Tanto las bendiciones como las heridas se han transmitido de generación a generación. Nuestro ejercicio final es afirmar las bendiciones y renunciar a los patrones destructivos que han herido a nuestras familias, a través de la oración. En la página siguiente, llenarás la Ficha de Heridas Generacionales.

Muéstraselo a tu consejero. La semana siguiente, reúnete con algunos miembros de tu Equipo de Apoyo y consejero para hacer las oraciones de renunciar.

FICHA DE HERIDAS GENERACIONALES

1. INSTRUCCIONES: En el gráfico a continuación, encierre en un círculo las áreas en las que tú y tu familia han estado involucrados.

Abandono	Pereza
Aborto	Legalismo
Abuso (físico o sexual)	Inquietud
Adulterio (sexo con una persona casada)	Obesidad
Alcoholismo	Sobreprotección
Ira	Perversión
Anticristiano	Fobias
Comportamiento compulsivo	Pornografía
Espíritu crítico	Pobreza
Engaño	Prejuicio
Divorcio	Muerte prematura
Drogas	Soberbia
Trastornos de la alimentación	Prostitución
Fracasar	Violación
Temor	Rebelión
Fornicación (sexo entre personas no casadas)	Rechazo
Frigidez / Impotencia	Robar
Ludopatía	Egoísmo
Culpabilidad	Farisaísmo
Odio	Autosuficiencia / Independencia
Homosexualidad	Suicidio
Idolatría	Tragedias
Hijos ilegítimos	Falta de perdónar
Prisión	Violencia
Incesto (sexo dentro de una familia)	Brujería / Ocultismo
Dolencia / Enfermedad	Preocupación
Locura / Enfermedad mental	Adicción al trabajo
Inseguridad	Asesinato

2. ¿Has tenido experiencias espirituales que se consideran fuera de lo común? _____

_____

_____

_____

3. Has participado alguna vez en:

a) Nueva Era: Sí ☐   No ☐

b) Ocultismo   Sí ☐   No ☐

c) Una iglesia cristiana legalista: Sí ☐   No ☐

RENUNCIANDO A LAS HERIDAS GENERACIONALES

"Porque nuestra lucha no es contra seres humanos, sino contra poderes, contra autoridades, contra potestades que dominan este mundo de tinieblas, contra fuerzas espirituales malignas en las regiones celestiales."
—Efesios 6:12 (NVIC)

Esta es una guía, no una fórmula. Ora con tu consejero y mentor espiritual, usando la oración a continuación como guía. Renuncia a cada cosa encerrada en un círculo en tu Ficha de Heridas Generacionales en la página anterior. Lea la guía en voz alta, personalizándola con tus heridas. Todas las cosas de la página anterior, como las drogas y el alcohol, dan beneficios que nos atrajeron a ellos. El poder de la oración de renunciar viene de tu compromiso a enfrentar a la sin estas cosas. Tienes que estar dispuesto a confiar en Dios para satisfacer tus necesidades, en lugar de usar estas cosas para una gratificación o sentido de poder temporal.

≡ **PENSAMIENTO**
clave

Para romper patrones generacionales destructivos, uno tiene que plantar que "Esto se acaba aquí, conmigo."

INSTRUCCIONES: Renuncia a cada cosa que marcaste con un círculo, usando la siguiente oración como una guía.

"Algo os digo también: si dos de vosotros os ponéis de acuerdo, aquí en la tierra, para pedir cualquier cosa, mi Padre que está en el cielo os lo concederá. Pues allí donde dos o tres se reúnen en mi nombre, allí estoy yo en medio de ellos."
—Mateo 18:1920 (BLP)

Ejemplo: "Señor, perdóname por buscar a _____drogas y alcohol_____ en lugar de confiar en ti. Renuncio a estos _química de afrontamiento_ en el nombre de Jesucristo, y te pido que elimines el poder de ellos en mi vida".

Oración del consejero: "Por el poder y la autoridad de Jesús, rompo el poder de estos dioses falsos e ídolos en la vida de _____. Señor, cortamos la influencia de estas cosas tanto de _____ como de su familia. Cancelamos cualquier contrato o maldición conectado a ellos. Ruego esto en el nombre de Jesucristo, a quien se ha dado toda potestad en el cielo y en la tierra".

Complete la Ficha de Bendiciones Personales y Generacionales en la página siguiente para ayudarte a generar una actitud de gratitud. La actitud de gratitud te ayudará a mantenerte en la recuperación.

FICHA DE BENDICIONES PERSONALES Y GENERACIONALES

INSTRUCCIONES: En el gráfico abajo, escribe los nombres de Dios, familiares o amigos al lado de las bendiciones que te hayan sido concedidas. Ora con tu consejero agradeciéndole a Dios por tus bendiciones.

Adaptar fácilmente _____	Ser paciente _____
Aventurero _____	Perseverante (se compromete _____
Habilidad artística _____	hasta que se cumple) _____
Habilidad atlética _____	Orar continuamente _____
Intrépido _____	Productivo _____
Fe Cristiana _____	Responsable _____
Compasivo _____	Seguro _____
Valiente _____	Dominio propio _____
Creativo _____	Sentido del humor _____
Confiable _____	Sincero _____
Disciplinado _____	Estable _____
Entusiastico _____	Educable _____
Fiel _____	Otro _____
Famoso _____	Otro _____
Bendición financiera _____	Otro _____
Perdonador _____	
Divertido _____	
Generoso _____	
Amable _____	
Ofrecedor _____	
Temor de Dios _____	
Buen cocinero _____	
Buen oyente _____	
Buena reputación / Nombre _____	
Cortés (hacer que _____	
otros se sientan cómodos) _____	
Buen trabajador _____	
Saludable _____	
Honesto _____	
Hospitalario / _____	
buen anfitrión / anfitriona _____	
Humilde _____	
Inteligente _____	
Tener integridad _____	
Inventivo _____	
Larga vida _____	
Leal _____	
Musical _____	
Limpio _____	
Obediente _____	
Optimista (ve lo positivo en _____	
todo) _____	
Organizado / Astuto _____	

CIERRE DEL PROCESO

¿Qué nuevos conocimientos aprendiste durante este Proceso? Habla de ellos con tu consejero.

_____

_____

_____

_____

¿En qué necesitas trabajar?

_____

_____

_____

_____

Pídele a tu consejero que ore por ti por:

_____

_____

_____

_____

TAREA: APLICACIÓN A LA VIDA

Planea reunir con tu consejero una vez al mes para varias sesiones de seguimiento. Si tienes un Grupo de Cambio Génesis, continúa las reuniones con ellos. Tu equipo de apoyo, las reuniones de recuperación y la iglesia son imprescindibles. La recuperación no se puede hacer de forma aislada. El aislamiento conduce a la recaída. Ver las notas finales en la página siguiente.

VERSÍCULO DE MEMORIA PARA LA PRÓXIMA SESIÓN:

"Preocupémonos los unos por los otros, a fin de estimularnos al amor y a las buenas obras. No dejemos de congregarnos, como acostumbran algunos, sino animémonos unos a otros, y con mayor razón ahora que aquel día se acerca". —Hebreos 10: 2425 (NVIC)

NOTA FINAL DE LOS AUTORES:

Esto no es el fin, es el comienzo. Durante los ensayos clínicos y la investigación, los autores descubrieron que las personas que formaban un grupo de apoyo de Génesis tenían las mejores tasas de recuperación. Un grupo de apoyo de Génesis está formado por otras personas que han completado **El Proceso Génesis: Manual de Prevención de Recaídas para Comportamientos Adictivos / Compulsivos.** Estas personas entienden los doble dilemas, la responsabilidad, la Escala PATEAR y pueden analizar los valores y la recuperación en términos de "Génesis". Deberías considerar iniciar o unirte a un Grupo de Cambio Génesis, que algunos llaman Génesis avanzado, donde usan *El Proceso Génesis para Grupos de Cambio, Libro 1 y 2.*

≡ **PENSAMIENTO**
clave

> La recuperación es un estilo de vida: La victoria sobre tus luchas se encuentra en no estar solo en ellas. Recuerda: la recaída se logra en el aislamiento.

Recomendamos el siguiente modelo para un Grupo de Apoyo Génesis:

1.	Incluir de 3 a 6 personas que hayan completado el Proceso Génesis.
2.	Reunir una vez por semana en un lugar cómodo, seguro y confidencial.
3.	Cada miembro daría a los demás copias de sus Tarjetas de Rendición de Cuentas.
4.	Comenzar la reunión repasando los compromisos de cambio para asegurar responsabilidad con la rendición de cuentas. Luego, pídele a cada miembro que comparta dónde se encuentra en la Escala PATEAR esta semana, y cualquier escenario actual de alto riesgo y doble dilema que esté experimentando. Otros miembros darán retroalimentación y mantendrán a cada uno responsable de resolver sus temores y realizar cambios.
5.	Se elige un secretario para registrar los compromisos de cambio.
6.	Finalizar la sesión con oración.

El Proceso
Génesis

G.A.P.P.

Genesis Addiction Process and Programs

ESTE CERTIFICADO ACREDITA QUE

Ha demostrado integridad y valentía al cumplir
El Proceso Génesis este día _____ de _____, _____

CONSEJERO GÉNESIS

Referencias

A.A. World Services. Twelve Steps and Twelve Traditions. New York: AA World Services, Inc., 1978.

Amen, Daniel. Change your Brain, Change Your Life. New York: Times Books, 1998.

American Society of Addiction Medicine. Principles of Addiction Medicine. Chevy Chase, Maryland: American Society of Addiction Medicine, Inc., 1994.

Anderson, Neil T. Victory Over the Darkness: Realizing the Power of Your Identity in Christ. Regal Books, USA, 1990.

Anderson, N.T. and Quarles M. & J. Freedom From Addictions. Regal Books, USA, 1996.

Arterburn, S. Addicted To Love. Michigan: Vine Books, 1996.

Beck, A. Cognitive Therapy and the Emotional Disorders. New York: International Universities Press, 1976.

Beck, A. and Emery, G. Cognitive Therapy of Substance Abuse. Philadelphia: Center for Cognitive Therapy, 1977.

Beyers, S. Cognitive Principles and Techniques. Productions, 1992.

Beyers, S. Creative Cognitive Therapy. Productions, 1992.

Brown, S. Treating the Alcoholic: A Developmental Model of Recovery. New York: John Wiley & Sons, 1985.

Daley, D.C. and Lis, J.A. "Relapse Prevention: Intervention Strategies for Mental Health Clients with Comorbid Addictive Disorders." Psychotherapy and Substance Abuse: A Practitioner's Handbook. Ed. A.M. Washton. New York: Giilford Press, 1995.

Daley, D.C., Moss, H.B. and Campbell F. Dual Disorders: Counseling Clients with Chemical Dependency & Mental Illness. Center City, Minnesota, 1993.

Fancher, Patricia. Healthy Roots, Broken Trust Cycle. Interchange Unlimited, 1988.

Gorski, T.T. The Phases and Warning Signs of Relapse. Independence, Missouri: Hearld House/Independence Press, 1993.

Gorski, T.T. and Miller, M. Staying Sober: A Guide for Relapse Prevention. Independence, Missouri: Herald House/Independence Press, 1986.

Gorski, T.T. and Miller, M. Mistaken Beliefs About Relapse. Independence, Missouri: Herald House/Independence Press, 1988.

Referencias

Gorski, T.T. Relapse Prevention Workbook.
Independence, Missouri: Herald House/Independence Press, 1993.

Kaufman, E. Psychotherapy of Addicted Persons. New York: The Guilford Press, 1994.

Kaufman, E. Psychology of Addicted Persons. New York: The Guilford Press, 1994.

Marlatt, G.A. and Gordon, J.R. Relapse Prevention Maintenance Strategies in the Treatment of Addictive Behaviors. New York: Guilford Press, 1985.

Meichenbaum, D. Cognitive-Behavior Modification: An Integrative Approach.
New York: Plenum Publishing Corporation, 1977.

Miller, W. and Rollnick S. Motivated Intervening: Preparing People to Change Addictive Behavior. New York: Guilford Press, 1991.

Peterson, A. and Geverdt, D.T. Rational Christian Thinking.
Ohio: Christian Information Committee, 1987.

Potter-Efron, Ronald and Potter-Efron, Patricia Anger. Alcoholism and Addiction. Treating Individuals , Couples, and Families. New York: Norton & Company, 1991.

Rollnick, S. and Miller, W. "Motivational Interviewing: Increasing Readiness for Change." Psychotherapy and Substance Abuse: A Practitioner's Handbook.
Ed. A.M. Washton. New York: Guilford Press, 1995.

Spickard, A. and Thompson, B. Dying for a Drink & What You Should Know About Alcoholism.
Texas: Word Book Publisher, 1985.

Stiles, S. Thorns in the Heart: A Christian's Guide to Dealing With Pain.
Washington: Gospel Publishing House, 1994.

Thompson, Dr. B. The Divine Plumbline. Crown Ministries, USA, 1992.

Apéndice

El Proceso
Génesis

FICHA DOBLE DILEMA

INSTRUCCIONES: Escribe los problemas que tienen que ver con adicciones, miedo, ansiedad, confusión, postergación, negación o control y examina las **consecuencias** y el riesgo de ambas opciones. Ejemplos: Si confío en la gente; Si renuncio a las drogas y al alcohol; Si me enfrento a este problema/persona; Revelar mi secreto, etc. Luego aplica la fórmula: **Si hago lo que es correcto, Dios me bendecirá, y lo correcto de hacer es lo más difícil de hacer.** A continuación, haz **un plan concreto** con rendición de cuentas/apoyo para llevarlo a cabo.

Problema / Situación	Si lo hago (Si cambio) (Enfrentar el problema)	Si no lo hago (NO Cambio)	Lo Correcto de Hacer	Qué, Cuándo, Quién, Dónde, Cómo
OPCIONES			APLICAR LA FÓRMULA	PLAN

FICHA DOBLE DILEMA

INSTRUCCIONES: *Escribe los problemas que tienen que ver con adicciones, miedo, ansiedad, confusión, postergación, negación o control y examina las* **consecuencias** *y el riesgo de ambas opciones. Ejemplos: Si confío en la gente; Si renuncio a las drogas y al alcohol; Si me enfrento a este problema/persona; Revelar mi secreto, etc. Luego aplica la fórmula:* **Si hago lo que es correcto, Dios me bendecirá, y lo correcto de hacer es lo más difícil de hacer.** *A continuación, haz un* **plan concreto** *con rendición de cuentas/apoyo para llevarlo a cabo.*

Problema / Situación	OPCIONES		APLICAR LA FÓRMULA	PLAN
	Si lo hago (Si cambio) (Enfrentar el problema)	**Si no lo hago (NO Cambio)**	**Lo Correcto de Hacer**	**Qué, Cuándo, Quién, Dónde, Cómo**

FICHA DOBLE DILEMA

INSTRUCCIONES: *Escribe los problemas que tienen que ver con adicciones, miedo, ansiedad, confusión, postergación, negación o control y examina las* **consecuencias** *y el riesgo de ambas opciones. Ejemplos: Si confío en la gente; Si renuncio a las drogas y al alcohol; Si me enfrento a este problema/persona; Revelar mi secreto, etc. Luego aplica la fórmula:* **Si hago lo que es correcto, Dios me bendecirá, y lo correcto de hacer es lo más difícil de hacer.** *A continuación, haz un* **plan concreto** *con rendición de cuentas/apoyo para llevarlo a cabo.*

Problema / Situación	OPCIONES		APLICAR LA FÓRMULA	PLAN
	Si lo hago (Si cambio) (Enfrentar el problema)	**Si no lo hago (NO Cambio)**	**Lo Correcto de Hacer**	**Qué, Cuándo, Quién, Dónde, Cómo**

FICHA DOBLE DILEMA

INSTRUCCIONES: *Escribe los problemas que tienen que ver con adicciones, miedo, ansiedad, confusión, postergación, negación o control y examina las* **consecuencias** *y el riesgo de ambas opciones. Ejemplos: Si confío en la gente; Si renuncio a las drogas y al alcohol; Si me enfrento a este problema/persona; Revelar mi secreto, etc. Luego aplica la fórmula:* **Si hago lo que es correcto, Dios me bendecirá, y lo correcto de hacer es lo más difícil de hacer.** *A continuación, haz* **un plan concreto** *con rendición de cuentas/apoyo para llevarlo a cabo.*

Problema / Situación	OPCIONES		APLICAR LA FÓRMULA	PLAN
	Si lo hago (Si cambio) (Enfrentar el problema)	Si no lo hago (NO Cambio)	Lo Correcto de Hacer	Qué, Cuándo, Quién, Dónde, Cómo

209

FICHA DOBLE DILEMA

INSTRUCCIONES: Escribe los problemas que tienen que ver con adicciones, miedo, ansiedad, confusión, postergación, negación o control y examina las **consecuencias** y el riesgo de ambas opciones. Ejemplos: Si confío en la gente; Si renuncio a las drogas y al alcohol; Si me enfrento a este problema/persona; Revelar mi secreto, etc. Luego aplica la fórmula: **Si hago lo que es correcto, Dios me bendecirá, y lo correcto de hacer es lo más difícil de hacer.** A continuación, haz **un plan concreto** con rendición de cuentas/apoyo para llevarlo a cabo.

	OPCIONES		APLICAR LA FÓRMULA	PLAN
Problema / Situación	Si lo hago (Si cambio) (Enfrentar el problema)	Si no lo hago (NO Cambio)	Lo Correcto de Hacer	Qué, Cuándo, Quién, Dónde, Cómo

FICHA DOBLE DILEMA

INSTRUCCIONES: *Escribe los problemas que tienen que ver con adicciones, miedo, ansiedad, confusión, postergación, negación o control y examina las* **consecuencias** *y el riesgo de ambas opciones. Ejemplos: Si confío en la gente; Si renuncio a las drogas y al alcohol; Si me enfrento a este problema/persona; Revelar mi secreto, etc. Luego aplica la fórmula:* **Si hago lo que es correcto, Dios me bendecirá, y lo correcto de hacer es lo más difícil de hacer.** *A continuación, haz un* **plan concreto** *con rendición de cuentas/apoyo para llevarlo a cabo.*

Problema / Situación	OPCIONES		APLICAR LA FÓRMULA	PLAN
	Si lo hago (Si cambio) (Enfrentar el problema)	Si no lo hago (NO Cambio)	Lo Correcto de Hacer	Qué, Cuándo, Quién, Dónde, Cómo

211

FICHA DOBLE DILEMA

INSTRUCCIONES: *Escribe los problemas que tienen que ver con adicciones, miedo, ansiedad, confusión, postergación, negación o control y examina las* **consecuencias** *y el riesgo de ambas opciones. Ejemplos: Si confío en la gente; Si renuncio a las drogas y al alcohol; Si me enfrento a este problema/persona; Revelar mi secreto, etc. Luego aplica la fórmula:* **Si hago lo que es correcto, Dios me bendecirá, y lo correcto de hacer es lo más difícil de hacer.** *A continuación, haz un* **plan concreto** *con rendición de cuentas/apoyo para llevarlo a cabo.*

Problema / Situación	OPCIONES		APLICAR LA FÓRMULA	PLAN
	Si lo hago (Si cambio) (Enfrentar el problema)	Si no lo hago (NO Cambio)	Lo Correcto de Hacer	Qué, Cuándo, Quién, Dónde, Cómo

FICHA DOBLE DILEMA

INSTRUCCIONES: *Escribe los problemas que tienen que ver con adicciones, miedo, ansiedad, confusión, postergación, negación o control y examina las* **consecuencias** *y el riesgo de ambas opciones. Ejemplos: Si confío en la gente; Si renuncio a las drogas y al alcohol; Si me enfrento a este problema/persona; Revelar mi secreto, etc. Luego aplica la fórmula:* **Si hago lo que es correcto, Dios me bendecirá, y lo correcto de hacer es lo más difícil de hacer.** *A continuación, haz un* **plan concreto** *con rendición de cuentas/apoyo para llevarlo a cabo.*

Problema / Situación	OPCIONES		APLICAR LA FÓRMULA	PLAN
	Si lo hago (Si cambio) (Enfrentar el problema)	Si no lo hago (NO Cambio)	Lo Correcto de Hacer	Qué, Cuándo, Quién, Dónde, Cómo

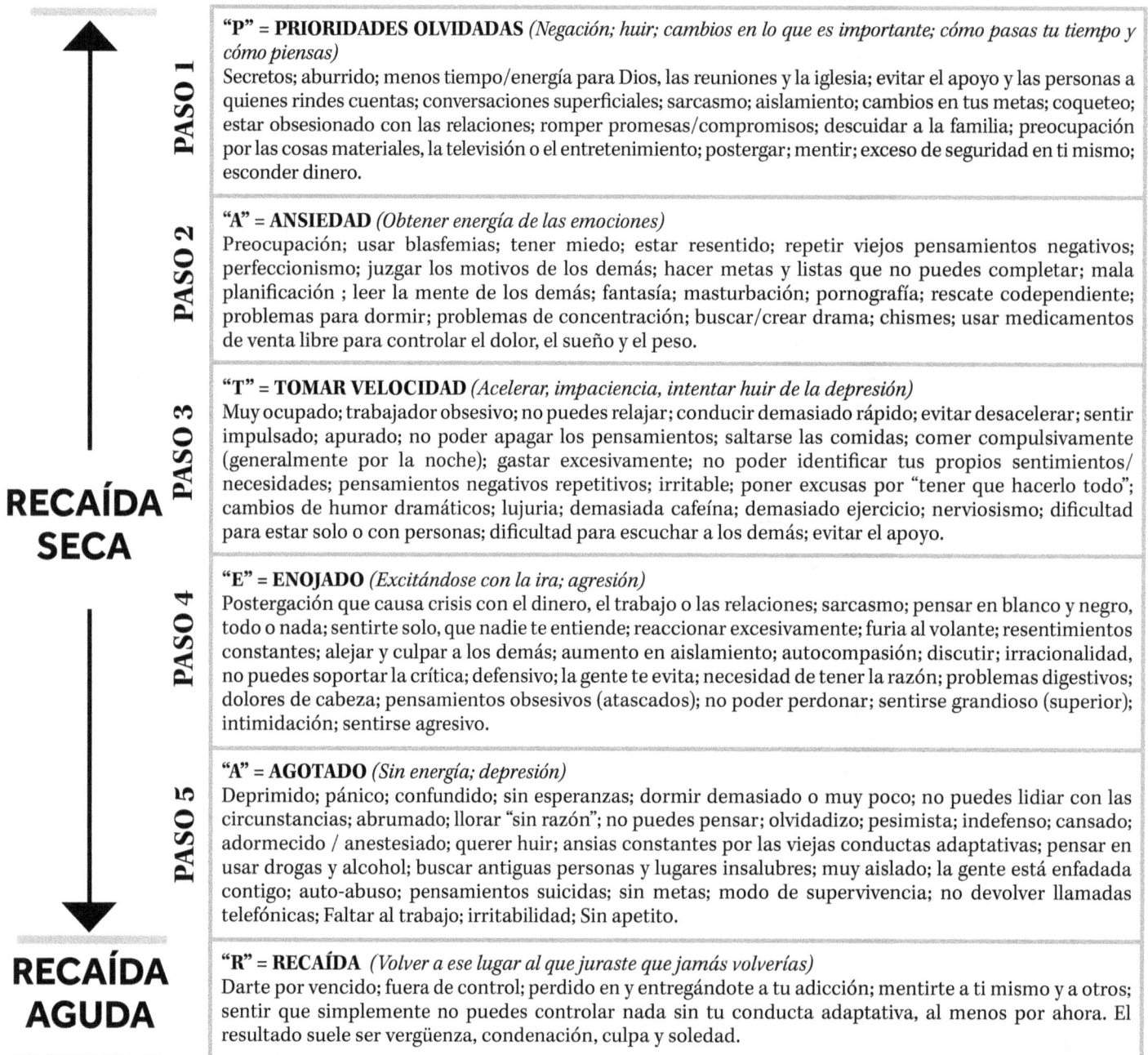

ESCALA DE CONCIENTIZACIÓN DE RECAÍDAS "PATEAR" (FASTER Scale)

INSTRUCCIONES: Revisa tu manera de pensar refiriéndote a esta escala. Es posible que estés experimentando solo un Incidente en vez de un patrón. Tener síntomas de recaída seca no significa que estés en un patrón de recaída. Encierre en un circulo los comportamientos con los que te identifiques ahora o en el pasado. Los síntomas repetitivos indican un patrón de recaída seca.

RECUPERACIÓN *(Cómo se ven las personas que están recuperando)*
Sin secretos actuales; resolver problemas; identificar miedos y sentimietos; mantener los compromisos a las reuniones, la oración, la familia, la iglesia, las personas, las metas y uno mismo; ser transparente; ser honesto; mantener contracto visual; tener contracto con otros; creciendo en las relaciones con Dios y con los demás; rendir de cuesntas

El Patrón de Recaída Seca
P – A – T – E – A – R

"P" = PRIORIDADES OLVIDADAS *(Negación; huir; cambios en lo que es importante; cómo pasas tu tiempo y cómo piensas)*
Secretos; aburrido; menos tiempo/energía para Dios, las reuniones y la iglesia; evitar el apoyo y las personas a quienes rindes cuentas; conversaciones superficiales; sarcasmo; aislamiento; cambios en tus metas; coqueteo; estar obsesionado con las relaciones; romper promesas/compromisos; descuidar a la familia; preocupación por las cosas materiales, la televisión o el entretenimiento; postergar; mentir; exceso de seguridad en ti mismo; esconder dinero.

"A" = ANSIEDAD *(Obtener energía de las emociones)*
Preocupación; usar blasfemias; tener miedo; estar resentido; repetir viejos pensamientos negativos; perfeccionismo; juzgar los motivos de los demás; hacer metas y listas que no puedes completar; mala planificación ; leer la mente de los demás; fantasía; masturbación; pornografía; rescate codependiente; problemas para dormir; problemas de concentración; buscar/crear drama; chismes; usar medicamentos de venta libre para controlar el dolor, el sueño y el peso.

"T" = TOMAR VELOCIDAD *(Acelerar, impaciencia, intentar huir de la depresión)*
Muy ocupado; trabajador obsesivo; no puedes relajar; conducir demasiado rápido; evitar desacelerar; sentir impulsado; apurado; no poder apagar los pensamientos; saltarse las comidas; comer compulsivamente (generalmente por la noche); gastar excesivamente; no poder identificar tus propios sentimientos/necesidades; pensamientos negativos repetitivos; irritable; poner excusas por "tener que hacerlo todo"; cambios de humor dramáticos; lujuria; demasiada cafeína; demasiado ejercicio; nerviosismo; dificultad para estar solo o con personas; dificultad para escuchar a los demás; evitar el apoyo.

"E" = ENOJADO *(Excitándose con la ira; agresión)*
Postergación que causa crisis con el dinero, el trabajo o las relaciones; sarcasmo; pensar en blanco y negro, todo o nada; sentirte solo, que nadie te entiende; reaccionar excesivamente; furia al volante; resentimientos constantes; alejar y culpar a los demás; aumento en aislamiento; autocompasión; discutir; irracionalidad, no puedes soportar la crítica; defensivo; la gente te evita; necesidad de tener la razón; problemas digestivos; dolores de cabeza; pensamientos obsesivos (atascados); no poder perdonar; sentirse grandioso (superior); intimidación; sentirse agresivo.

"A" = AGOTADO *(Sin energía; depresión)*
Deprimido; pánico; confundido; sin esperanzas; dormir demasiado o muy poco; no puedes lidiar con las circunstancias; abrumado; llorar "sin razón"; no puedes pensar; olvidadizo; pesimista; indefenso; cansado; adormecido / anestesiado; querer huir; ansias constantes por las viejas conductas adaptativas; pensar en usar drogas y alcohol; buscar antiguas personas y lugares insalubres; muy aislado; la gente está enfadada contigo; auto-abuso; pensamientos suicidas; sin metas; modo de supervivencia; no devolver llamadas telefónicas; Faltar al trabajo; irritabilidad; Sin apetito.

"R" = RECAÍDA *(Volver a ese lugar al que juraste que jamás volverías)*
Darte por vencido; fuera de control; perdido en y entregándote a tu adicción; mentirte a ti mismo y a otros; sentir que simplemente no puedes controlar nada sin tu conducta adaptativa, al menos por ahora. El resultado suele ser vergüenza, condenación, culpa y soledad.

PASO 1, PASO 2, PASO 3, PASO 4, PASO 5

RECAÍDA SECA

RECAÍDA AGUDA

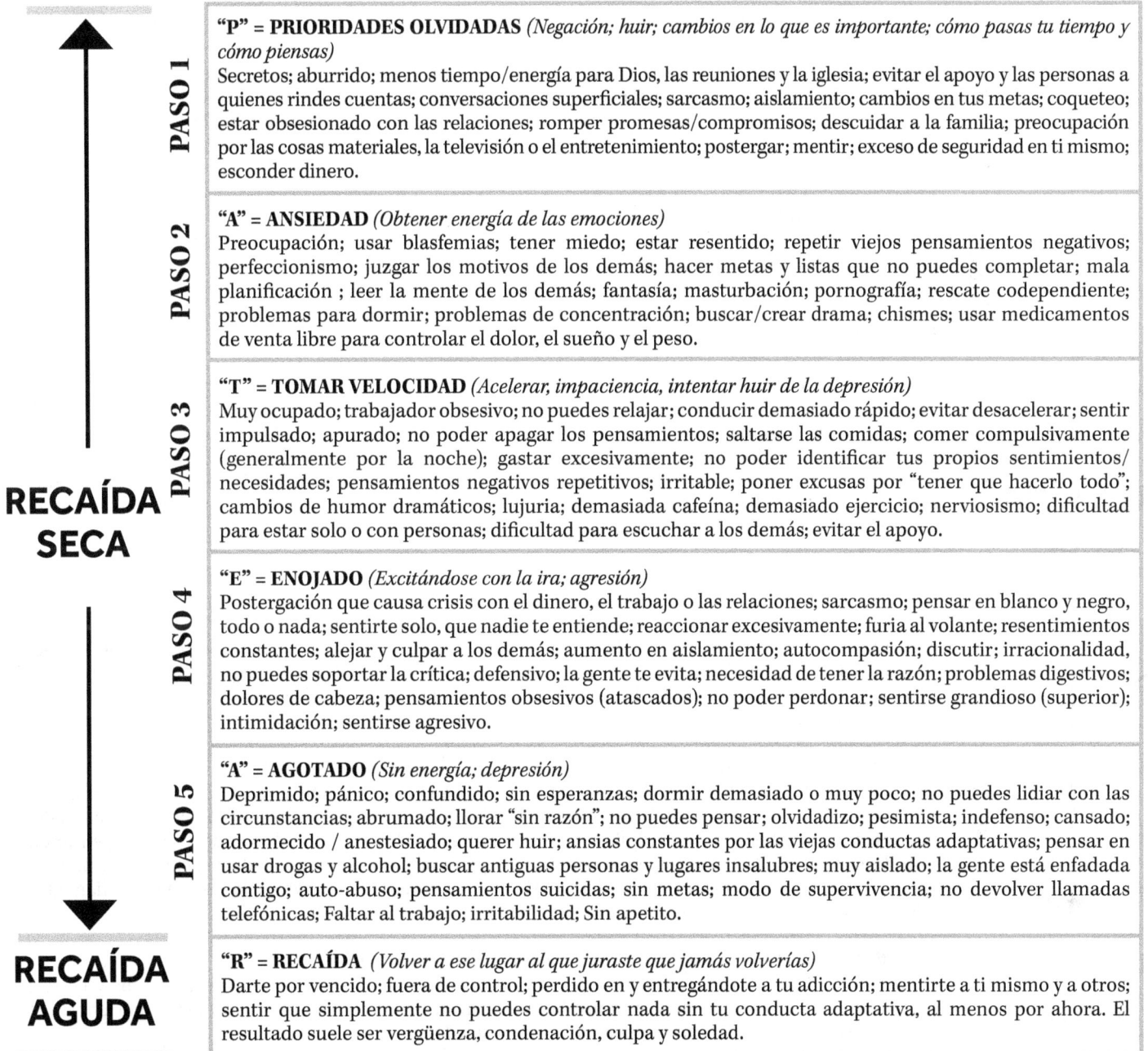

ESCALA DE CONCIENTIZACIÓN DE RECAÍDAS "PATEAR" (FASTER Scale)

INSTRUCCIONES: Revisa tu manera de pensar refiriéndote a esta escala. Es posible que estés experimentando solo un Incidente en vez de un patrón. Tener síntomas de recaída seca no significa que estés en un patrón de recaída. Encierre en un circulo los comportamientos con los que te identifiques ahora o en el pasado. Los síntomas repetitivos indican un patrón de recaída seca.

RECUPERACIÓN *(Cómo se ven las personas que están recuperando)*
Sin secretos actuales; resolver problemas; identificar miedos y sentimietos; mantener los compromisos a las reuniones, la oración, la familia, la iglesia, las personas, las metas y uno mismo; ser transparente; ser honesto; mantener contracto visual; tener contracto con otros; creciendo en las relaciones con Dios y con los demás; rendir de cuesntas

---

El Patrón de Recaída Seca
P – A – T – E – A – R

"P" = PRIORIDADES OLVIDADAS *(Negación; huir; cambios en lo que es importante; cómo pasas tu tiempo y cómo piensas)*
Secretos; aburrido; menos tiempo/energía para Dios, las reuniones y la iglesia; evitar el apoyo y las personas a quienes rindes cuentas; conversaciones superficiales; sarcasmo; aislamiento; cambios en tus metas; coqueteo; estar obsesionado con las relaciones; romper promesas/compromisos; descuidar a la familia; preocupación por las cosas materiales, la televisión o el entretenimiento; postergar; mentir; exceso de seguridad en ti mismo; esconder dinero.

"A" = ANSIEDAD *(Obtener energía de las emociones)*
Preocupación; usar blasfemias; tener miedo; estar resentido; repetir viejos pensamientos negativos; perfeccionismo; juzgar los motivos de los demás; hacer metas y listas que no puedes completar; mala planificación ; leer la mente de los demás; fantasía; masturbación; pornografía; rescate codependiente; problemas para dormir; problemas de concentración; buscar/crear drama; chismes; usar medicamentos de venta libre para controlar el dolor, el sueño y el peso.

"T" = TOMAR VELOCIDAD *(Acelerar, impaciencia, intentar huir de la depresión)*
Muy ocupado; trabajador obsesivo; no puedes relajar; conducir demasiado rápido; evitar desacelerar; sentir impulsado; apurado; no poder apagar los pensamientos; saltarse las comidas; comer compulsivamente (generalmente por la noche); gastar excesivamente; no poder identificar tus propios sentimientos/ necesidades; pensamientos negativos repetitivos; irritable; poner excusas por "tener que hacerlo todo"; cambios de humor dramáticos; lujuria; demasiada cafeína; demasiado ejercicio; nerviosismo; dificultad para estar solo o con personas; dificultad para escuchar a los demás; evitar el apoyo.

"E" = ENOJADO *(Excitándose con la ira; agresión)*
Postergación que causa crisis con el dinero, el trabajo o las relaciones; sarcasmo; pensar en blanco y negro, todo o nada; sentirte solo, que nadie te entiende; reaccionar excesivamente; furia al volante; resentimientos constantes; alejar y culpar a los demás; aumento en aislamiento; autocompasión; discutir; irracionalidad, no puedes soportar la crítica; defensivo; la gente te evita; necesidad de tener la razón; problemas digestivos; dolores de cabeza; pensamientos obsesivos (atascados); no poder perdonar; sentirse grandioso (superior); intimidación; sentirse agresivo.

"A" = AGOTADO *(Sin energía; depresión)*
Deprimido; pánico; confundido; sin esperanzas; dormir demasiado o muy poco; no puedes lidiar con las circunstancias; abrumado; llorar "sin razón"; no puedes pensar; olvidadizo; pesimista; indefenso; cansado; adormecido / anestesiado; querer huir; ansias constantes por las viejas conductas adaptativas; pensar en usar drogas y alcohol; buscar antiguas personas y lugares insalubres; muy aislado; la gente está enfadada contigo; auto-abuso; pensamientos suicidas; sin metas; modo de supervivencia; no devolver llamadas telefónicas; Faltar al trabajo; irritabilidad; Sin apetito.

"R" = RECAÍDA *(Volver a ese lugar al que juraste que jamás volverías)*
Darte por vencido; fuera de control; perdido en y entregándote a tu adicción; mentirte a ti mismo y a otros; sentir que simplemente no puedes controlar nada sin tu conducta adaptativa, al menos por ahora. El resultado suele ser vergüenza, condenación, culpa y soledad.

PASO 1 · PASO 2 · PASO 3 · PASO 4 · PASO 5

RECAÍDA SECA

RECAÍDA AGUDA

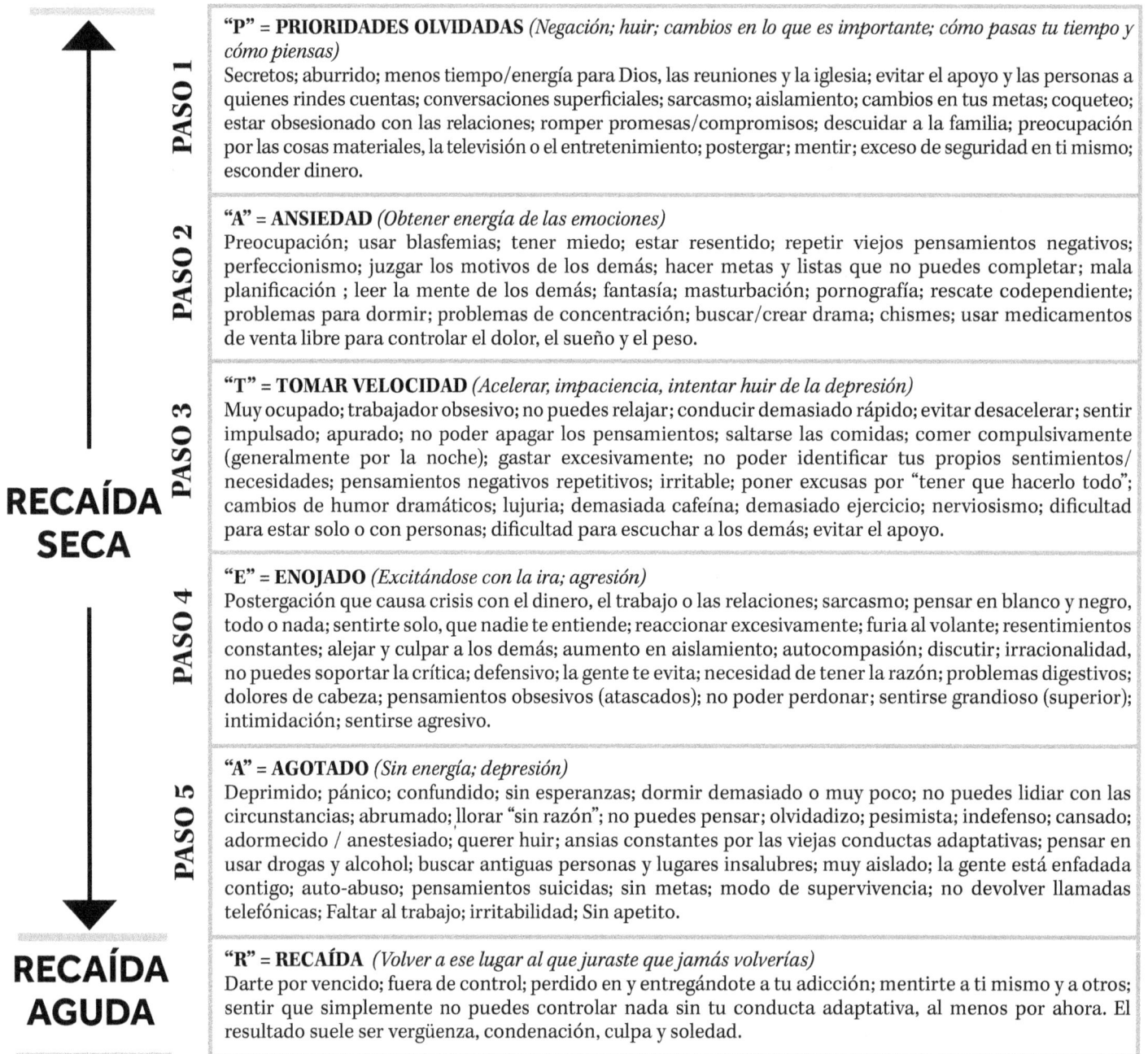

ESCALA DE CONCIENTIZACIÓN DE RECAÍDAS "PATEAR" (FASTER Scale)

INSTRUCCIONES: Revisa tu manera de pensar refiriéndote a esta escala. Es posible que estés experimentando solo un Incidente en vez de un patrón. Tener síntomas de recaída seca no significa que estés en un patrón de recaída. Encierre en un circulo los comportamientos con los que te identifiques ahora o en el pasado. Los síntomas repetitivos indican un patrón de recaída seca.

RECUPERACIÓN *(Cómo se ven las personas que están recuperando)*
Sin secretos actuales; resolver problemas; identificar miedos y sentimietos; mantener los compromisos a las reuniones, la oración, la familia, la iglesia, las personas, las metas y uno mismo; ser transparente; ser honesto; mantener contracto visual; tener contracto con otros; creciendo en las relaciones con Dios y con los demás; rendir de cuesntas

---

El Patrón de Recaída Seca
P – A – T – E – A – R

RECAÍDA SECA

PASO 1

"P" = PRIORIDADES OLVIDADAS *(Negación; huir; cambios en lo que es importante; cómo pasas tu tiempo y cómo piensas)*
Secretos; aburrido; menos tiempo/energía para Dios, las reuniones y la iglesia; evitar el apoyo y las personas a quienes rindes cuentas; conversaciones superficiales; sarcasmo; aislamiento; cambios en tus metas; coqueteo; estar obsesionado con las relaciones; romper promesas/compromisos; descuidar a la familia; preocupación por las cosas materiales, la televisión o el entretenimiento; postergar; mentir; exceso de seguridad en ti mismo; esconder dinero.

PASO 2

"A" = ANSIEDAD *(Obtener energía de las emociones)*
Preocupación; usar blasfemias; tener miedo; estar resentido; repetir viejos pensamientos negativos; perfeccionismo; juzgar los motivos de los demás; hacer metas y listas que no puedes completar; mala planificación ; leer la mente de los demás; fantasía; masturbación; pornografía; rescate codependiente; problemas para dormir; problemas de concentración; buscar/crear drama; chismes; usar medicamentos de venta libre para controlar el dolor, el sueño y el peso.

PASO 3

"T" = TOMAR VELOCIDAD *(Acelerar, impaciencia, intentar huir de la depresión)*
Muy ocupado; trabajador obsesivo; no puedes relajar; conducir demasiado rápido; evitar desacelerar; sentir impulsado; apurado; no poder apagar los pensamientos; saltarse las comidas; comer compulsivamente (generalmente por la noche); gastar excesivamente; no poder identificar tus propios sentimientos/ necesidades; pensamientos negativos repetitivos; irritable; poner excusas por "tener que hacerlo todo"; cambios de humor dramáticos; lujuria; demasiada cafeína; demasiado ejercicio; nerviosismo; dificultad para estar solo o con personas; dificultad para escuchar a los demás; evitar el apoyo.

PASO 4

"E" = ENOJADO *(Excitándose con la ira; agresión)*
Postergación que causa crisis con el dinero, el trabajo o las relaciones; sarcasmo; pensar en blanco y negro, todo o nada; sentirte solo, que nadie te entiende; reaccionar excesivamente; furia al volante; resentimientos constantes; alejar y culpar a los demás; aumento en aislamiento; autocompasión; discutir; irracionalidad, no puedes soportar la crítica; defensivo; la gente te evita; necesidad de tener la razón; problemas digestivos; dolores de cabeza; pensamientos obsesivos (atascados); no poder perdonar; sentirse grandioso (superior); intimidación; sentirse agresivo.

PASO 5

"A" = AGOTADO *(Sin energía; depresión)*
Deprimido; pánico; confundido; sin esperanzas; dormir demasiado o muy poco; no puedes lidiar con las circunstancias; abrumado; llorar "sin razón"; no puedes pensar; olvidadizo; pesimista; indefenso; cansado; adormecido / anestesiado; querer huir; ansias constantes por las viejas conductas adaptativas; pensar en usar drogas y alcohol; buscar antiguas personas y lugares insalubres; muy aislado; la gente está enfadada contigo; auto-abuso; pensamientos suicidas; sin metas; modo de supervivencia; no devolver llamadas telefónicas; Faltar al trabajo; irritabilidad; Sin apetito.

RECAÍDA AGUDA

"R" = RECAÍDA *(Volver a ese lugar al que juraste que jamás volverías)*
Darte por vencido; fuera de control; perdido en y entregándote a tu adicción; mentirte a ti mismo y a otros; sentir que simplemente no puedes controlar nada sin tu conducta adaptativa, al menos por ahora. El resultado suele ser vergüenza, condenación, culpa y soledad.

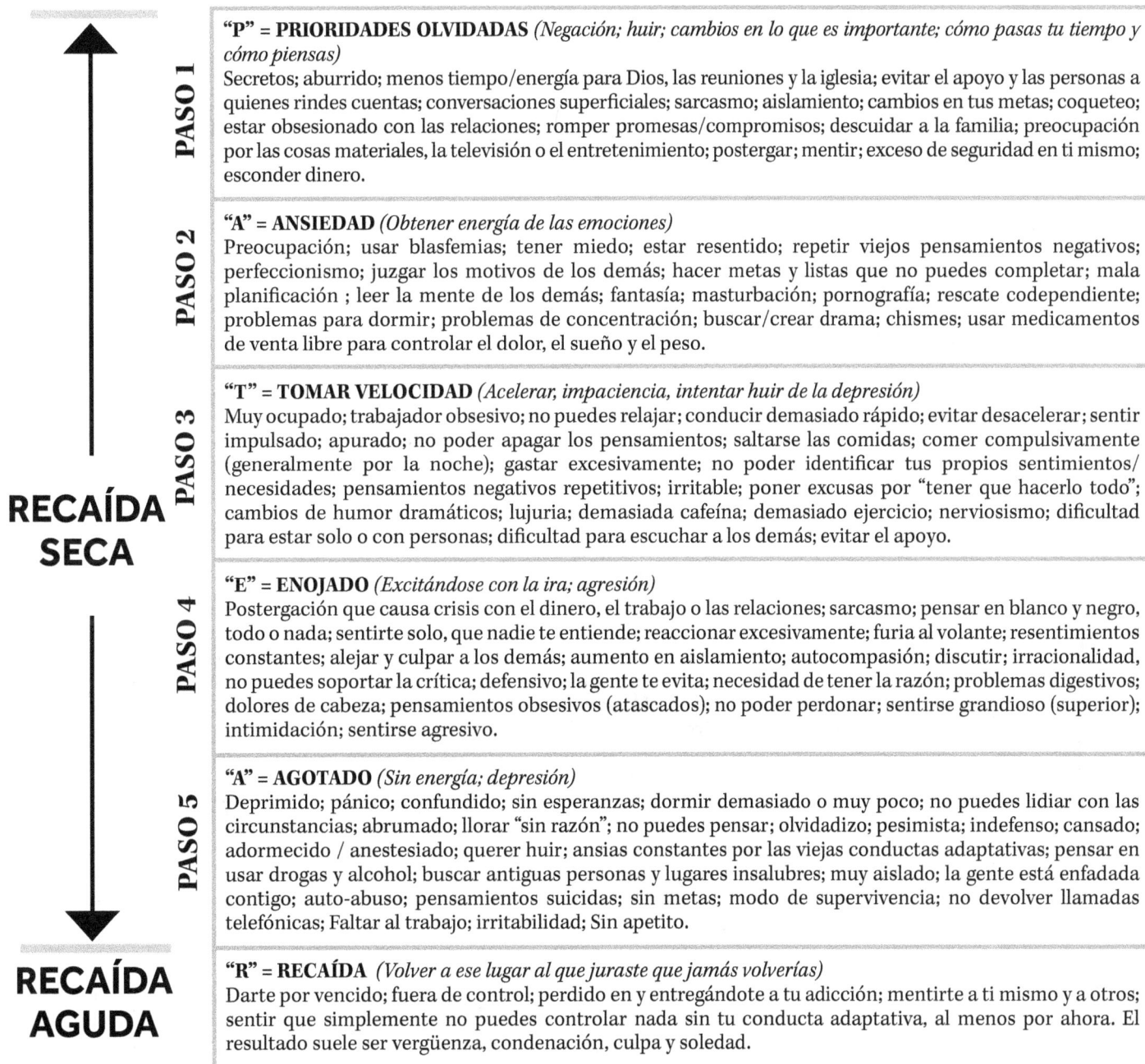

ESCALA DE CONCIENTIZACIÓN DE RECAÍDAS "PATEAR" (FASTER Scale)

INSTRUCCIONES: Revisa tu manera de pensar refiriéndote a esta escala. Es posible que estés experimentando solo un Incidente en vez de un patrón. Tener síntomas de recaída seca no significa que estés en un patrón de recaída. Encierre en un circulo los comportamientos con los que te identifiques ahora o en el pasado. Los síntomas repetitivos indican un patrón de recaída seca.

RECUPERACIÓN *(Cómo se ven las personas que están recuperando)*
Sin secretos actuales; resolver problemas; identificar miedos y sentimietos; mantener los compromisos a las reuniones, la oración, la familia, la iglesia, las personas, las metas y uno mismo; ser transparente; ser honesto; mantener contracto visual; tener contracto con otros; creciendo en las relaciones con Dios y con los demás; rendir de cuesntas

---

El Patrón de Recaída Seca
P – A – T – E – A – R

RECAÍDA SECA

PASO 1

"P" = PRIORIDADES OLVIDADAS *(Negación; huir; cambios en lo que es importante; cómo pasas tu tiempo y cómo piensas)*
Secretos; aburrido; menos tiempo/energía para Dios, las reuniones y la iglesia; evitar el apoyo y las personas a quienes rindes cuentas; conversaciones superficiales; sarcasmo; aislamiento; cambios en tus metas; coqueteo; estar obsesionado con las relaciones; romper promesas/compromisos; descuidar a la familia; preocupación por las cosas materiales, la televisión o el entretenimiento; postergar; mentir; exceso de seguridad en ti mismo; esconder dinero.

PASO 2

"A" = ANSIEDAD *(Obtener energía de las emociones)*
Preocupación; usar blasfemias; tener miedo; estar resentido; repetir viejos pensamientos negativos; perfeccionismo; juzgar los motivos de los demás; hacer metas y listas que no puedes completar; mala planificación ; leer la mente de los demás; fantasía; masturbación; pornografía; rescate codependiente; problemas para dormir; problemas de concentración; buscar/crear drama; chismes; usar medicamentos de venta libre para controlar el dolor, el sueño y el peso.

PASO 3

"T" = TOMAR VELOCIDAD *(Acelerar, impaciencia, intentar huir de la depresión)*
Muy ocupado; trabajador obsesivo; no puedes relajar; conducir demasiado rápido; evitar desacelerar; sentir impulsado; apurado; no poder apagar los pensamientos; saltarse las comidas; comer compulsivamente (generalmente por la noche); gastar excesivamente; no poder identificar tus propios sentimientos/ necesidades; pensamientos negativos repetitivos; irritable; poner excusas por "tener que hacerlo todo"; cambios de humor dramáticos; lujuria; demasiada cafeína; demasiado ejercicio; nerviosismo; dificultad para estar solo o con personas; dificultad para escuchar a los demás; evitar el apoyo.

PASO 4

"E" = ENOJADO *(Excitándose con la ira; agresión)*
Postergación que causa crisis con el dinero, el trabajo o las relaciones; sarcasmo; pensar en blanco y negro, todo o nada; sentirte solo, que nadie te entiende; reaccionar excesivamente; furia al volante; resentimientos constantes; alejar y culpar a los demás; aumento en aislamiento; autocompasión; discutir; irracionalidad, no puedes soportar la crítica; defensivo; la gente te evita; necesidad de tener la razón; problemas digestivos; dolores de cabeza; pensamientos obsesivos (atascados); no poder perdonar; sentirse grandioso (superior); intimidación; sentirse agresivo.

PASO 5

"A" = AGOTADO *(Sin energía; depresión)*
Deprimido; pánico; confundido; sin esperanzas; dormir demasiado o muy poco; no puedes lidiar con las circunstancias; abrumado; llorar "sin razón"; no puedes pensar; olvidadizo; pesimista; indefenso; cansado; adormecido / anestesiado; querer huir; ansias constantes por las viejas conductas adaptativas; pensar en usar drogas y alcohol; buscar antiguas personas y lugares insalubres; muy aislado; la gente está enfadada contigo; auto-abuso; pensamientos suicidas; sin metas; modo de supervivencia; no devolver llamadas telefónicas; Faltar al trabajo; irritabilidad; Sin apetito.

RECAÍDA AGUDA

"R" = RECAÍDA *(Volver a ese lugar al que juraste que jamás volverías)*
Darte por vencido; fuera de control; perdido en y entregándote a tu adicción; mentirte a ti mismo y a otros; sentir que simplemente no puedes controlar nada sin tu conducta adaptativa, al menos por ahora. El resultado suele ser vergüenza, condenación, culpa y soledad.

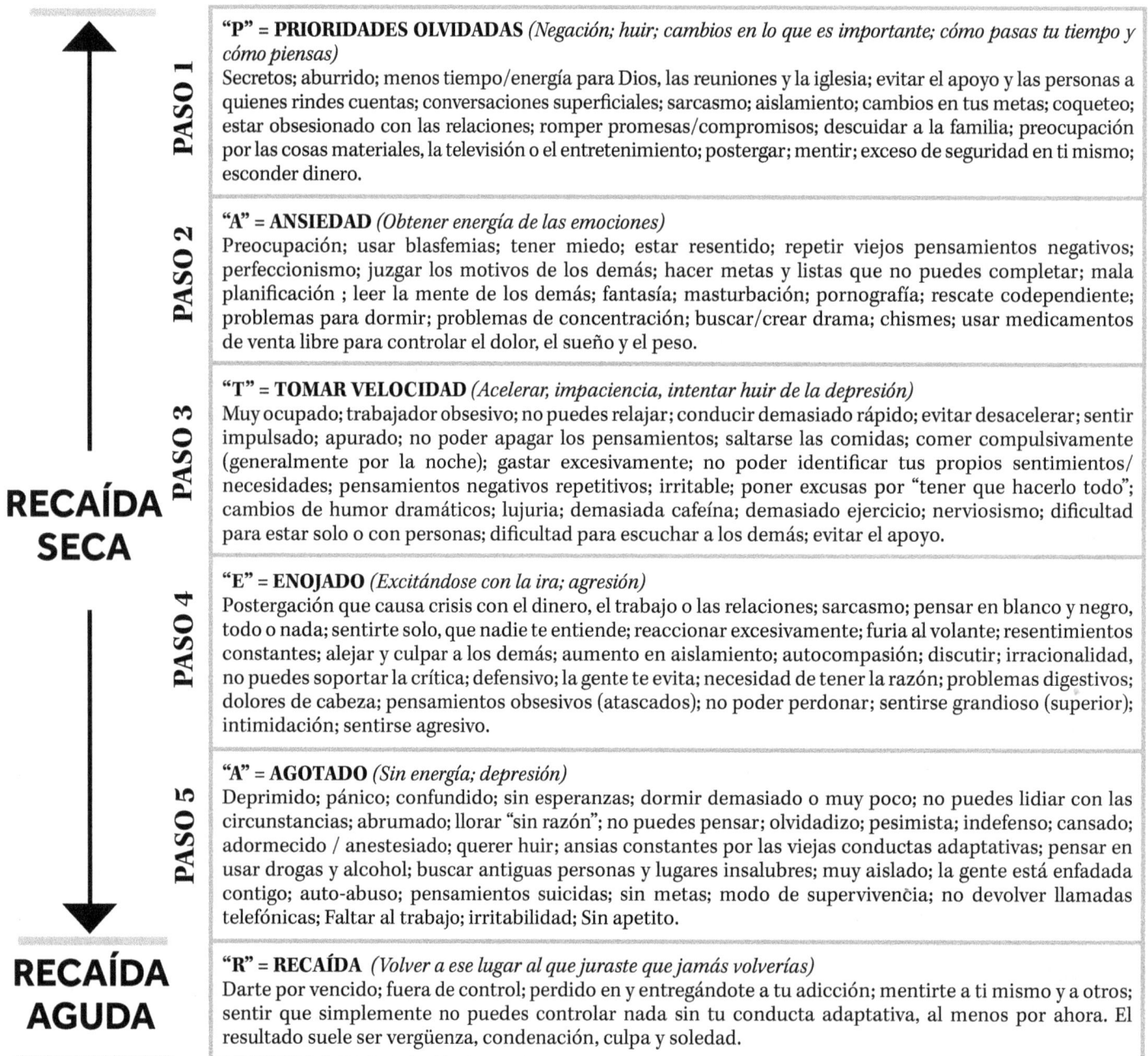

ESCALA DE CONCIENTIZACIÓN DE RECAÍDAS "PATEAR" (FASTER Scale)

INSTRUCCIONES: Revisa tu manera de pensar refiriéndote a esta escala. Es posible que estés experimentando solo un Incidente en vez de un patrón. Tener síntomas de recaída seca no significa que estés en un patrón de recaída. Encierre en un circulo los comportamientos con los que te identifiques ahora o en el pasado. Los síntomas repetitivos indican un patrón de recaída seca.

RECUPERACIÓN *(Cómo se ven las personas que están recuperando)*
Sin secretos actuales; resolver problemas; identificar miedos y sentimietos; mantener los compromisos a las reuniones, la oración, la familia, la iglesia, las personas, las metas y uno mismo; ser transparente; ser honesto; mantener contracto visual; tener contracto con otros; creciendo en las relaciones con Dios y con los demás; rendir de cuesntas

---

El Patrón de Recaída Seca
P – A – T – E – A – R

"P" = PRIORIDADES OLVIDADAS *(Negación; huir; cambios en lo que es importante; cómo pasas tu tiempo y cómo piensas)*
Secretos; aburrido; menos tiempo/energía para Dios, las reuniones y la iglesia; evitar el apoyo y las personas a quienes rindes cuentas; conversaciones superficiales; sarcasmo; aislamiento; cambios en tus metas; coqueteo; estar obsesionado con las relaciones; romper promesas/compromisos; descuidar a la familia; preocupación por las cosas materiales, la televisión o el entretenimiento; postergar; mentir; exceso de seguridad en ti mismo; esconder dinero.

"A" = ANSIEDAD *(Obtener energía de las emociones)*
Preocupación; usar blasfemias; tener miedo; estar resentido; repetir viejos pensamientos negativos; perfeccionismo; juzgar los motivos de los demás; hacer metas y listas que no puedes completar; mala planificación ; leer la mente de los demás; fantasía; masturbación; pornografía; rescate codependiente; problemas para dormir; problemas de concentración; buscar/crear drama; chismes; usar medicamentos de venta libre para controlar el dolor, el sueño y el peso.

"T" = TOMAR VELOCIDAD *(Acelerar, impaciencia, intentar huir de la depresión)*
Muy ocupado; trabajador obsesivo; no puedes relajar; conducir demasiado rápido; evitar desacelerar; sentir impulsado; apurado; no poder apagar los pensamientos; saltarse las comidas; comer compulsivamente (generalmente por la noche); gastar excesivamente; no poder identificar tus propios sentimientos/ necesidades; pensamientos negativos repetitivos; irritable; poner excusas por "tener que hacerlo todo"; cambios de humor dramáticos; lujuria; demasiada cafeína; demasiado ejercicio; nerviosismo; dificultad para estar solo o con personas; dificultad para escuchar a los demás; evitar el apoyo.

"E" = ENOJADO *(Excitándose con la ira; agresión)*
Postergación que causa crisis con el dinero, el trabajo o las relaciones; sarcasmo; pensar en blanco y negro, todo o nada; sentirte solo, que nadie te entiende; reaccionar excesivamente; furia al volante; resentimientos constantes; alejar y culpar a los demás; aumento en aislamiento; autocompasión; discutir; irracionalidad, no puedes soportar la crítica; defensivo; la gente te evita; necesidad de tener la razón; problemas digestivos; dolores de cabeza; pensamientos obsesivos (atascados); no poder perdonar; sentirse grandioso (superior); intimidación; sentirse agresivo.

"A" = AGOTADO *(Sin energía; depresión)*
Deprimido; pánico; confundido; sin esperanzas; dormir demasiado o muy poco; no puedes lidiar con las circunstancias; abrumado; llorar "sin razón"; no puedes pensar; olvidadizo; pesimista; indefenso; cansado; adormecido / anestesiado; querer huir; ansias constantes por las viejas conductas adaptativas; pensar en usar drogas y alcohol; buscar antiguas personas y lugares insalubres; muy aislado; la gente está enfadada contigo; auto-abuso; pensamientos suicidas; sin metas; modo de supervivencia; no devolver llamadas telefónicas; Faltar al trabajo; irritabilidad; Sin apetito.

"R" = RECAÍDA *(Volver a ese lugar al que juraste que jamás volverías)*
Darte por vencido; fuera de control; perdido en y entregándote a tu adicción; mentirte a ti mismo y a otros; sentir que simplemente no puedes controlar nada sin tu conducta adaptativa, al menos por ahora. El resultado suele ser vergüenza, condenación, culpa y soledad.

PASO 1 · PASO 2 · PASO 3 · PASO 4 · PASO 5

RECAÍDA SECA

RECAÍDA AGUDA

ESCALA DE CONCIENTIZACIÓN DE RECAÍDAS "PATEAR" (FASTER Scale)

INSTRUCCIONES: Revisa tu manera de pensar refiriéndote a esta escala. Es posible que estés experimentando solo un Incidente en vez de un patrón. Tener síntomas de recaída seca no significa que estés en un patrón de recaída. Encierre en un circulo los comportamientos con los que te identifiques ahora o en el pasado. Los síntomas repetitivos indican un patrón de recaída seca.

RECUPERACIÓN *(Cómo se ven las personas que están recuperando)*
Sin secretos actuales; resolver problemas; identificar miedos y sentimietos; mantener los compromisos a las reuniones, la oración, la familia, la iglesia, las personas, las metas y uno mismo; ser transparente; ser honesto; mantener contracto visual; tener contracto con otros; creciendo en las relaciones con Dios y con los demás; rendir de cuesntas

---

El Patrón de Recaída Seca
P – A – T – E – A – R

PASO 1

"P" = PRIORIDADES OLVIDADAS *(Negación; huir; cambios en lo que es importante; cómo pasas tu tiempo y cómo piensas)*
Secretos; aburrido; menos tiempo/energía para Dios, las reuniones y la iglesia; evitar el apoyo y las personas a quienes rindes cuentas; conversaciones superficiales; sarcasmo; aislamiento; cambios en tus metas; coqueteo; estar obsesionado con las relaciones; romper promesas/compromisos; descuidar a la familia; preocupación por las cosas materiales, la televisión o el entretenimiento; postergar; mentir; exceso de seguridad en ti mismo; esconder dinero.

PASO 2

"A" = ANSIEDAD *(Obtener energía de las emociones)*
Preocupación; usar blasfemias; tener miedo; estar resentido; repetir viejos pensamientos negativos; perfeccionismo; juzgar los motivos de los demás; hacer metas y listas que no puedes completar; mala planificación ; leer la mente de los demás; fantasía; masturbación; pornografía; rescate codependiente; problemas para dormir; problemas de concentración; buscar/crear drama; chismes; usar medicamentos de venta libre para controlar el dolor, el sueño y el peso.

PASO 3

"T" = TOMAR VELOCIDAD *(Acelerar, impaciencia, intentar huir de la depresión)*
Muy ocupado; trabajador obsesivo; no puedes relajar; conducir demasiado rápido; evitar desacelerar; sentir impulsado; apurado; no poder apagar los pensamientos; saltarse las comidas; comer compulsivamente (generalmente por la noche); gastar excesivamente; no poder identificar tus propios sentimientos/necesidades; pensamientos negativos repetitivos; irritable; poner excusas por "tener que hacerlo todo"; cambios de humor dramáticos; lujuria; demasiada cafeína; demasiado ejercicio; nerviosismo; dificultad para estar solo o con personas; dificultad para escuchar a los demás; evitar el apoyo.

PASO 4

"E" = ENOJADO *(Excitándose con la ira; agresión)*
Postergación que causa crisis con el dinero, el trabajo o las relaciones; sarcasmo; pensar en blanco y negro, todo o nada; sentirte solo, que nadie te entiende; reaccionar excesivamente; furia al volante; resentimientos constantes; alejar y culpar a los demás; aumento en aislamiento; autocompasión; discutir; irracionalidad, no puedes soportar la crítica; defensivo; la gente te evita; necesidad de tener la razón; problemas digestivos; dolores de cabeza; pensamientos obsesivos (atascados); no poder perdonar; sentirse grandioso (superior); intimidación; sentirse agresivo.

PASO 5

"A" = AGOTADO *(Sin energía; depresión)*
Deprimido; pánico; confundido; sin esperanzas; dormir demasiado o muy poco; no puedes lidiar con las circunstancias; abrumado; llorar "sin razón"; no puedes pensar; olvidadizo; pesimista; indefenso; cansado; adormecido / anestesiado; querer huir; ansias constantes por las viejas conductas adaptativas; pensar en usar drogas y alcohol; buscar antiguas personas y lugares insalubres; muy aislado; la gente está enfadada contigo; auto-abuso; pensamientos suicidas; sin metas; modo de supervivencia; no devolver llamadas telefónicas; Faltar al trabajo; irritabilidad; Sin apetito.

"R" = RECAÍDA *(Volver a ese lugar al que juraste que jamás volverías)*
Darte por vencido; fuera de control; perdido en y entregándote a tu adicción; mentirte a ti mismo y a otros; sentir que simplemente no puedes controlar nada sin tu conducta adaptativa, al menos por ahora. El resultado suele ser vergüenza, condenación, culpa y soledad.

RECAÍDA SECA (flecha hacia arriba)

RECAÍDA AGUDA (flecha hacia abajo)

EJERCICIO DE CAMINO A LA HERIDA

INSTRUCCIONES: cualquier situación en la que reacciones de forma exagerada o insuficiente probablemente implique el dolor de una vieja herida. Estas heridas están protegidas por las creencias falsas que has desarrollado. Las llamamos el "Camino a la herida". Completa la ficha en blanco "Camino a la herida" y tu consejero te ayudará a procesarla.

Evento que causó tu reacción— ¿Qué pasó?, ¿Qué lo desencadenó?	
Reacción emocional insuficiente/ excesiva: ¿Cómo sentiste (nombre el sentimiento)? ¿Qué tan fuerte fue la emoción siendo 10 lo más fuerte?	
Reacción física— ¿Qué hiciste?	
Tus sentimientos/acciones están justificados porque crees...	
SCF - Identifica la "mentira de supervivencia" ¿Qué te has dicho a ti mismo?	
Identifique la "mentira proyectada" que te han dicho otros.	
¿Quién más te ha hecho sentir así? ¿Cuándo?	
¿Qué podrías haber hecho diferente?	
Creencia verdadera — Realidad + Escritura = Verdad	

EJERCICIO DE CAMINO A LA HERIDA

INSTRUCCIONES: cualquier situación en la que reacciones de forma exagerada o insuficiente probablemente implique el dolor de una vieja herida. Estas heridas están protegidas por las creencias falsas que has desarrollado. Las llamamos el "Camino a la herida". Completa la ficha en blanco "Camino a la herida" y tu consejero te ayudará a procesarla.

Evento que causó tu reacción— ¿Qué pasó?, ¿Qué lo desencadenó?	
Reacción emocional insuficiente/ excesiva: ¿Cómo sentiste (nombre el sentimiento)? ¿Qué tan fuerte fue la emoción siendo 10 lo más fuerte?	
Reacción física— ¿Qué hiciste?	
Tus sentimientos/acciones están justificados porque crees...	
SCF - Identifica la "mentira de supervivencia" ¿Qué te has dicho a ti mismo?	
Identifique la "mentira proyectada" que te han dicho otros.	
¿Quién más te ha hecho sentir así? ¿Cuándo?	
¿Qué podrías haber hecho diferente?	
Creencia verdadera — Realidad + Escritura = Verdad	

EJERCICIO DE CAMINO A LA HERIDA

INSTRUCCIONES: cualquier situación en la que reacciones de forma exagerada o insuficiente probablemente implique el dolor de una vieja herida. Estas heridas están protegidas por las creencias falsas que has desarrollado. Las llamamos el "Camino a la herida". Completa la ficha en blanco **"Camino a la herida"** y tu consejero te ayudará a procesarla.

Evento que causó tu reacción— ¿Qué pasó?, ¿Qué lo desencadenó?	
Reacción emocional insuficiente/ excesiva: ¿Cómo sentiste (nombre el sentimiento)? ¿Qué tan fuerte fue la emoción siendo 10 lo más fuerte?	
Reacción física— ¿Qué hiciste?	
Tus sentimientos/acciones están justificados porque crees...	
SCF - Identifica la "mentira de supervivencia" ¿Qué te has dicho a ti mismo?	
Identifique la "mentira proyectada" que te han dicho otros.	
¿Quién más te ha hecho sentir así? ¿Cuándo?	
¿Qué podrías haber hecho diferente?	
Creencia verdadera — Realidad + Escritura = Verdad	

EJERCICIO DE CAMINO A LA HERIDA

INSTRUCCIONES: cualquier situación en la que reacciones de forma exagerada o insuficiente probablemente implique el dolor de una vieja herida. Estas heridas están protegidas por las creencias falsas que has desarrollado. Las llamamos el "Camino a la herida". Completa la ficha en blanco "Camino a la herida" y tu consejero te ayudará a procesarla.

Evento que causó tu reacción— ¿Qué pasó?, ¿Qué lo desencadenó?	
Reacción emocional insuficiente/ excesiva: ¿Cómo sentiste (nombre el sentimiento)? ¿Qué tan fuerte fue la emoción siendo 10 lo más fuerte?	
Reacción física— ¿Qué hiciste?	
Tus sentimientos/acciones están justificados porque crees...	
SCF - Identifica la "mentira de supervivencia" ¿Qué te has dicho a ti mismo?	
Identifique la "mentira proyectada" que te han dicho otros.	
¿Quién más te ha hecho sentir así? ¿Cuándo?	
¿Qué podrías haber hecho diferente?	
Creencia verdadera — Realidad + Escritura = Verdad	

FICHA DE ASESORAMIENTO: CLIENTE A UN VISTAZO

Nombre del cliente: _____ **Consejero:** _____

Fecha:											
Nombre de mentor de 12 pasos u otro:	Dirección:					Dirección:					
Número de teléfono:	Hogar: Trabajo:					Hogar: Trabajo:					
Reunión con mentor											
Trabajando en el paso número:											
Número de reuniones de recuperación asistidas											
Asistí a la sesión de consejería Génesis											
Número proceso Génesis completado											
Tarea completada:											
Trabajo de memoria completado:											
Nombre del compañero Génesis o Grupo de apoyo											
Proceso con compañero Génesis:											
Nombre y dirección de Iglesia:						Teléfono					
Nombre del Pastor:						Teléfono					
Servicio dominical asistido:											
Tareas: (Ejemplo: conocer a gente)											
Cualquier recaída:											

FICHA DE ASESORAMIENTO: CLIENTE A UN VISTAZO

Nombre del cliente: _____ **Consejero:** _____

Fecha:									
Nombre de mentor de 12 pasos u otro:	Dirección:				Dirección:				
Número de teléfono:	Hogar: Trabajo:				Hogar: Trabajo:				
Reunión con mentor									
Trabajando en el paso número:									
Número de reuniones de recuperación asistidas									
Asistí a la sesión de consejería Génesis									
Número proceso Génesis completado									
Tarea completada:									
Trabajo de memoria completado:									
Nombre del compañero Génesis o Grupo de apoyo									
Proceso con compañero Génesis:									
Nombre y dirección de Iglesia:					Teléfono				
Nombre del Pastor:					Teléfono				
Servicio dominical asistido:									
Tareas: (Ejemplo: conocer a gente)									
Cualquier recaída:									

FICHA DE ASESORAMIENTO: CLIENTE A UN VISTAZO

Nombre del cliente: _____ **Consejero:** _____

Fecha:												
Nombre de mentor de 12 pasos u otro:	Dirección:					Dirección:						
Número de teléfono:	Hogar: Trabajo:					Hogar: Trabajo:						
Reunión con mentor												
Trabajando en el paso número:												
Número de reuniones de recuperación asistidas												
Asistí a la sesión de consejería Génesis												
Número proceso Génesis completado												
Tarea completada:												
Trabajo de memoria completado:												
Nombre del compañero Génesis o Grupo de apoyo												
Proceso con compañero Génesis:												
Nombre y dirección de Iglesia:						Teléfono						
Nombre del Pastor:						Teléfono						
Servicio dominical asistido:												
Tareas: (Ejemplo: conocer a gente)												
Cualquier recaída:												

FICHA DE ASESORAMIENTO: CLIENTE A UN VISTAZO

Nombre del cliente: _____ **Consejero:** _____

Fecha:								
Nombre de mentor de 12 pasos u otro:	Dirección:				Dirección:			
Número de teléfono:	Hogar: Trabajo:				Hogar: Trabajo:			
Reunión con mentor								
Trabajando en el paso número:								
Número de reuniones de recuperación asistidas								
Asistí a la sesión de consejería Génesis								
Número proceso Génesis completado								
Tarea completada:								
Trabajo de memoria completado:								
Nombre del compañero Génesis o Grupo de apoyo								
Proceso con compañero Génesis:								
Nombre y dirección de Iglesia:					Teléfono			
Nombre del Pastor:					Teléfono			
Servicio dominical asistido:								
Tareas: (Ejemplo: conocer a gente)								
Cualquier recaída:								

ESCALA "PATEAR" DE PATRÓN DE RECAÍDA DEJA VU

INSTRUCCIONES: Completa esta ficha lo mejor que puedas antes de reunir con tu consejero. Sigue las instrucciones en la página 156. El comportamiento característico es de la Escala PATEAR. Revisa tus creencias falsas del Proceso 2 para ayudarte completar la sección de Creencia Falsa. (Hay más fichas en el apéndice)

RECU-PERACIÓN	Comportamiento Característico	
	Creencia verdadera	
	Sentimientos	
	Habilitador	
PRIORIDADES OLVIDADAS	Comportamiento Característico	
	Creencia Falsa	
	Sentimientos	
	Habilitador	
ANSIEDAD	Comportamiento Característico	
	Creencia Falsa	
	Sentimientos	
	Habilitador	
TOMAR VELOCIDAD	Comportamiento Característico	
	Creencia Falsa	
	Sentimientos	
	Habilitador	
ENOJADO	Comportamiento Característico	
	Creencia Falsa	
	Sentimientos	
	Habilitador	
AGOTADO	Comportamiento Característico	
	Creencia Falsa	
	Sentimientos	
	Habilitador	
RECAÍDA	Comportamiento Característico	
	Creencia Falsa	
	Sentimientos	
	Habilitador	

ESCALA "PATEAR" DE PATRÓN DE RECAÍDA DEJA VU

INSTRUCCIONES: Completa esta ficha lo mejor que puedas antes de reunir con tu consejero. Sigue las instrucciones en la página 156. El comportamiento característico es de la Escala PATEAR. Revisa tus creencias falsas del Proceso 2 para ayudarte completar la sección de Creencia Falsa. (Hay más fichas en el apéndice)

RECU-PERACIÓN	Comportamiento Característico	
	Creencia verdadera	
	Sentimientos	
	Habilitador	
PRIORIDADES OLVIDADAS	Comportamiento Característico	
	Creencia Falsa	
	Sentimientos	
	Habilitador	
ANSIEDAD	Comportamiento Característico	
	Creencia Falsa	
	Sentimientos	
	Habilitador	
TOMAR VELOCIDAD	Comportamiento Característico	
	Creencia Falsa	
	Sentimientos	
	Habilitador	
ENOJADO	Comportamiento Característico	
	Creencia Falsa	
	Sentimientos	
	Habilitador	
AGOTADO	Comportamiento Característico	
	Creencia Falsa	
	Sentimientos	
	Habilitador	
RECAÍDA	Comportamiento Característico	
	Creencia Falsa	
	Sentimientos	
	Habilitador	

INSTRUCCIONES: • Arranca las tarjetas en la parte posterior del libro. Usa el ejemplo de la tarjeta a continuación. Completa CARA 1 identificando cada miembro de tu Equipo de Apoyo e Intervención. • En la Cara 2 escribe tus comportamientos más fuertes que otras personas pueden ver en ti desde tu "Ficha Detonantes" en el Proceso 8. • Entrega tus Tarjetas de Rendición de Cuentas, junto con una copia de la Escala PATEAR a los miembros de tu Equipo de Apoyo.

TARJETA DE RENDICIÓN DE CUENTAS - CARA 1

Si me ves en una "recaída seca" o en una recaída, te doy permiso para comunicar con los otros miembros de mi Equipo de Apoyo e Intervención.

Firma: _____ Fecha: _____

Nombre	**Dirección**	**Tel.**

Pastor: _____

Consejero Espiritual: _____

Mentor de Recuperación: _____

Otro: _____

© El Proceso Génesis

TARJETA DE RENDICIÓN DE CUENTAS - CARA 1

Si me ves en una "recaída seca" o en una recaída, te doy permiso para comunicar con los otros miembros de mi Equipo de Apoyo e Intervención.

Firma: _____ Fecha: _____

Nombre	**Dirección**	**Tel.**

Pastor: _____

Consejero Espiritual: _____

Mentor de Recuperación: _____

Otro: _____

© El Proceso Génesis

TARJETA DE RENDICIÓN DE CUENTAS - CARA 1

Si me ves en una "recaída seca" o en una recaída, te doy permiso para comunicar con los otros miembros de mi Equipo de Apoyo e Intervención.

Firma: _____ Fecha: _____

Nombre	**Dirección**	**Tel.**

Pastor: _____

Consejero Espiritual: _____

Mentor de Recuperación: _____

Otro: _____

© El Proceso Génesis

TARJETA DE RENDICIÓN DE CUENTAS - CARA 1

Si me ves en una "recaída seca" o en una recaída, te doy permiso para comunicar con los otros miembros de mi Equipo de Apoyo e Intervención.

Firma: _____ Fecha: _____

Nombre	**Dirección**	**Tel.**

Pastor: _____

Consejero Espiritual: _____

Mentor de Recuperación: _____

Otro: _____

© El Proceso Génesis

INSTRUCCIONES: • Arranca las tarjetas en la parte posterior del libro. Usa el ejemplo de la tarjeta a continuación. Completa CARA 1 identificando cada miembro de tu Equipo de Apoyo e Intervención. • En la Cara 2 escribe tus comportamientos más fuertes que otras personas pueden ver en ti desde tu "Ficha Detonantes" en el Proceso 8. • Entrega tus Tarjetas de Rendición de Cuentas, junto con una copia de la Escala PATEAR a los miembros de tu Equipo de Apoyo.

"DETONANTES" / COMPORTAMIENTOS DE RECAÍDA - CARA 2

P.
A.
T.
E.
A.
R.

Rechazar "viejos comportamientos"	Fomentar "Nuevos Comportamientos"

"DETONANTES" / COMPORTAMIENTOS DE RECAÍDA - CARA 2

P.
A.
T.
E.
A.
R.

Rechazar "viejos comportamientos"	Fomentar "Nuevos Comportamientos"

"DETONANTES" / COMPORTAMIENTOS DE RECAÍDA - CARA 2

P.
A.
T.
E.
A.
R.

Rechazar "viejos comportamientos"	Fomentar "Nuevos Comportamientos"

"DETONANTES" / COMPORTAMIENTOS DE RECAÍDA - CARA 2

P.
A.
T.
E.
A.
R.

Rechazar "viejos comportamientos"	Fomentar "Nuevos Comportamientos"

INSTRUCCIONES: • Arranca las tarjetas en la parte posterior del libro. Usa el ejemplo de la tarjeta a continuación. Completa CARA 1 identificando cada miembro de tu Equipo de Apoyo e Intervención. • En la Cara 2 escribe tus comportamientos más fuertes que otras personas pueden ver en ti desde tu "Ficha Detonantes" en el Proceso 8. • Entrega tus Tarjetas de Rendición de Cuentas, junto con una copia de la Escala PATEAR a los miembros de tu Equipo de Apoyo.

TARJETA DE RENDICIÓN DE CUENTAS - CARA 1
Si me ves en una "recaída seca" o en una recaída, te doy permiso para comunicar con los otros miembros de mi Equipo de Apoyo e Intervención.

Firma: _____ Fecha: _____

Nombre	Dirección	Tel.
Pastor:		
Consejero Espiritual:		
Mentor de Recuperación:		
Otro:		

© El Proceso Génesis

TARJETA DE RENDICIÓN DE CUENTAS - CARA 1
Si me ves en una "recaída seca" o en una recaída, te doy permiso para comunicar con los otros miembros de mi Equipo de Apoyo e Intervención.

Firma: _____ Fecha: _____

Nombre	Dirección	Tel.
Pastor:		
Consejero Espiritual:		
Mentor de Recuperación:		
Otro:		

© El Proceso Génesis

TARJETA DE RENDICIÓN DE CUENTAS - CARA 1
Si me ves en una "recaída seca" o en una recaída, te doy permiso para comunicar con los otros miembros de mi Equipo de Apoyo e Intervención.

Firma: _____ Fecha: _____

Nombre	Dirección	Tel.
Pastor:		
Consejero Espiritual:		
Mentor de Recuperación:		
Otro:		

© El Proceso Génesis

TARJETA DE RENDICIÓN DE CUENTAS - CARA 1
Si me ves en una "recaída seca" o en una recaída, te doy permiso para comunicar con los otros miembros de mi Equipo de Apoyo e Intervención.

Firma: _____ Fecha: _____

Nombre	Dirección	Tel.
Pastor:		
Consejero Espiritual:		
Mentor de Recuperación:		
Otro:		

© El Proceso Génesis

"DETONANTES" / COMPORTAMIENTOS DE RECAÍDA - CARA 2

P.
A.
T.
E.
A.
R.

Rechazar "viejos comportamientos"	Fomentar "Nuevos Comportamientos"

"DETONANTES" / COMPORTAMIENTOS DE RECAÍDA - CARA 2

P.
A.
T.
E.
A.
R.

Rechazar "viejos comportamientos"	Fomentar "Nuevos Comportamientos"

"DETONANTES" / COMPORTAMIENTOS DE RECAÍDA - CARA 2

P.
A.
T.
E.
A.
R.

Rechazar "viejos comportamientos"	Fomentar "Nuevos Comportamientos"

"DETONANTES" / COMPORTAMIENTOS DE RECAÍDA - CARA 2

P.
A.
T.
E.
A.
R.

Rechazar "viejos comportamientos"	Fomentar "Nuevos Comportamientos"